生長の家総本山編

いのち輝く2

●練成会体験談集

日本教文社

はしがき

二月の献労は、総本山に生えているコナラの木を主に切り出しました。椎茸の原木にするためにです。コナラの木にかぎらず、クヌギ、ミズナラ、栗、シイ、カシ類等、椎茸の生える木はたくさんあります。栗の木は美味しい実がなるので、残しておきました。総本山がこの地に開山されてから、二十年以上になります。それ以前から生えていた雑木は、三十年以上にもなって、それこそ山のようにあります。

チェーンソー（動力付のノコギリ）で切り倒す、それを一メートルの長さに切る、それをトラックの来ている所まで運び出す、という作業が続きます。水分をたっぷり含んでいて、その重いことと言ったらありません。幹の切り口からきれいな水が滴《したた》り落ちてきて、作業着を濡《ぬ》らします。脚がフラフラします。肩にくい込むように感じます。みんなで誦《とな》える「ありがとうございます」の声は木洩れ日の山々にこだまし、青い空に吸い込まれていくようです。

こうして、大自然の中での献労は神と直結しているようです。心身を癒してくれます。

そのままに生きてよろしと神の声　自然にふれてただただ納得

と、詠《うた》った人もいます。

椿咲く山に入りて椎茸の　原木重いが心軽やか

と、詠った人もいます。

数々の体験も出ています。今回、体験談集の第二号が出来ましたことを喜んでいます。記念のために、作業の続きを記《しる》しておきますと、深さ二センチほどの穴をあけて、椎茸の菌を埋め込みます。そして、日陰に置いておきますと、九ヵ月ほどで美味しい椎茸が出来ます。こうして、コナラの木の生命は、練成会に参加された人へ廻って参ります。

総本山での練成会の大きな特徴のひとつは、こうした献労にあると思います。

平成十四年春

生長の家総本山　総務　岡田　淳

第一章　青春の苦悩と歓喜

一年間の登校拒否を越えて

京都　小川六大さん（15歳）

文と解説・総本山練成部

登校拒否の息子

「一年近くも学校に行っていないのですか？」

「そうです。中学二年生になってから一日も行っていないそうです」

生長の家京都第一教区の太野垣《おおのがき》修二栄える会会頭から電話があったのは、平成十三年二月一日のことだった。龍宮住吉本宮（一般）練成会の初日である。

「父親と息子さんの二人で総本山の練成会に参加することになり、もうそちらに向かっています。二人とも生長の家はまったく初めてです。よろしくお願いします」

その父子《おやこ》は受付を済ますと挨拶に来た。父親は小川正雄さんといい、息子は小川六大《ろくだい》君といった。父親は物腰がやわらかくやさしそうだったが、息子は勢いのある爽《さわ》やかで精悍《せいかん》な顔をしていた。

「スッキリとしたいい顔をしてるな」

というと息子はニコッと笑顔がこぼれた。登校拒否というイメージは微塵《みじん》も感じさせなかった。

自らの意志で長期生

二月二日の午前に輪読座談会があった。

神奈川からこられた御夫婦が息子さんのことでお礼を述べられた。息子のK君は暴走族に入り、高校も中退した。逮捕歴一回、補導歴六十二回という強者《つわもの》であった。監察官がつき保護監察の状態で練成会を受け、長期生で六ヵ月も総本山で研修をした。その後、植木職人になるべく弟子となり、真面目に働いている、という。

それを聞いていた小川正雄さんは、息子の六大君が長期生として是非残ってほしい、と願った。神奈川の御夫婦も大いに勧めた。

当の六大君は、座談会や講話は退屈そうに聞いていたが、献労《けんろう》の時間は俄然《がぜん》張りきってやり始めた。献労の休憩時間は、少年らしく、朗らかに、明るく、参加者とうち解けて楽しく話し合っていた。

結局、彼は長期生になるための面接も自らの意志で受け、長期生として総本山で研修することとなった。

父親からの手紙～悟りの風が吹く～

練成会から約一カ月の三月五日の消印で父親の小川正雄さんから手紙が届いた。随所に悟りの風が吹く素晴らしい心境の内容である。

合掌　ありがとうございます。

鴨川を流れる風にも春の気配を感じる今日この頃、龍宮住吉本宮練成会に参加させていただき、はや一カ月が過ぎました。練成会で学ばせていただきましたことは生涯忘れません。本当にお世話になりましてありがとうございました。カラが破れたヒヨコのようにまっさらさら、晴々とした思いで生長の家人としての自覚を深める毎日を送らせていただいております。

近況の報告をさせていただきます。

私共の会社にSさんという現場を任されている切れ者の男がおります。この男、何かにつけてよく切れ、目を三角にしては怒鳴りまくって噛みついている真正直で非常に愛情の深い男です。それゆえ理不尽なことが起こるとすぐに切れます。先日もまたトップの者と衝突。いつものことながら、何とか仲良くならぬものか、どうしたらよいものか、としばらく真剣に考えておりました。

そのまま場所を移しトイレに入りました。しゃがみ込んでまたそのことをずっと考えておりました。すると何かおかしい？　何かが違う？　後ろを振り返ると、トイレのドアが開いたままでした。ドアを閉め忘れたまま、考えながら用を足しておりました。どうりでおいどを撫でる風がいつもと違う、スースーとしておりました。そのままカニのようなかっこうでドアを閉めた時に、自分の考え違いに気がつきました。

現象のひずみを見て、それを修正しようと考えること自体が間違っていた。生長の家の生き方は、ただ神様の完全円満を観《み》るだけ。せっかく練成会で教えていただいたのに、また現象の中から物事を考え、組み立てようとしておりました。

「完全でないものを完全にと気負うことはない。生かされている。とすれば、どうせまるもうけの人生だ。だったら感謝して悦んでいるだけでよい」

との講師《せんせい》の御講話を思い出しました。

そしてトイレのドアをカニのような姿で閉めた自分の滑稽さを、さっそく会社のみんなに話しました。このなさけないやらはずかしい失敗談、こんなことでも話をすると会社の空気が笑いに包まれ、なごやかになりました。

そしてSさん、切れようが、三角になろうが、それはそれでどちらでも良い、そのままですばらしい。もう気にならなくなりました。すると彼はあまり怒らなくなりました。怒っていたのは、どうやら自分だったようです。

練成会のビデオの中で、谷口雅春先生がおっしゃっておられました。

「実相を観《み》るのが愛、実相を観るのが赦《ゆる》し」

という御言葉をあらためて思い出しました。

もう現象の中では生きるまい。現象はない。心もない。今、生きてあるその今を悦ぶべし。練成会で教えていただいたことでした。

「楽しいことも楽しくないことも楽しい」

と講師《せんせい》がおっしゃっておられましたその意味が、少しわかった気がします。

何よりも練成会から戻ってまいりまして妻とよく話をするようになりました。妻は六大の総本山で書いた和歌集の和歌を見た時、目に涙をいっぱいにためて泣いておりました。今、家内は笑顔いっぱいでいろいろな話を聞かせてくれます。六大は家族をひとつにしてくれました。六大に感謝いたします。

生きとし生けるもの、ありとしあらゆるもの、すべては神と神のいのちのさきはえであって、他には何もない。この唯神実相の根本真理を説く生長の家を全世界の方々にお伝えしてまいります。生命の尊い本当の姿、神様の秩序を現していきとう存じます。ありがとうございます。

再拝

父と子、祖父と孫の如く

長期生で研修中、底抜けに明るい声で六大君が自宅に電話をかけているのを聞いたことがある。

「お母さん、正座は最後まで出来ないけど、すべての行事に出てるで。特に献労はおもしろいで」

「ここでは何でも、すんばらしい、すんばらしい、というのやで」

「お母さん、使命というのは夢ということかな?」

微笑ましく私は聞いたのを覚えている。

六大君をこのような明るい気持ちにさせたのは、勿論生長の家の御教えだが、具体的に現実的にかかわって指導した人がいる。長期生での研修中に六大君と同室になった六十代後半にさしかかっている岩田浩光さん(仮名)という人だった。長期生の最年長と最年少が同室というのも面白いが、私にはもっと興味あることがあった。岩田さんは、離婚なのか別居なのかは伺い知らないが、長い間、奥さんや子供さんとは会っていないし、お孫さんにいたっては抱いたこともない、と仄聞《そくぶん》していた。そのためか、岩田さんは六大君を息子か孫のように、ある時はやさしく、ある時は厳しく、あたたかく大切に接しているように思えた。六大君も岩田さんに自分の分からないことは思い切りぶつけているようだった。

早朝行事も、就寝も、食事も、風呂も、いつも一緒に行動し、それを、父と子の如く、祖父と孫の如く見ていたのは、私だけではあるまい。

錬成会では、このようなことが屢々《しばしば》起こる。子供が亡くなり、その子を愛することが出来なかった人に、亡くなった子供によく似た少年が同じ班になり、その少年が大変気になる。その少年はその少年で小さい頃父親を亡くしており、その人に何とはなしに近づいていく。錬成中、心の交流をするなかで少年は父親の気持ちを、その人は亡くなった子供の気持ちを理解する、ということが起こる。それればかりではない。主人に、妻に、父に、母に、舅に、姑に、祖父に、祖母に、兄弟姉妹に、教師に、上司に、部下に、友人に、恋人に、それぞれに似た人に出会い交流し理解し合う。縁《えにし》なのだろう。長期生の研修中も同様なのだ。

学校に行きます

六大君が総本山に来て、もうすぐ二ヵ月が過ぎようとする三月中旬のことだった。練成道場のロビーを歩いていると彼に呼び止められた。

「講師《せんせい》！　三月いっぱいで帰ります」

並々ならぬ決意が感じられた。私は、彼の気合いに押されて彼の発言をいなす心が働いた。

「帰るの？　学校にも行かないのに？　どうせやることないだろう？　居ろよ。楽しそうにやってるじゃないか」

「いえ、帰ります」

「帰って何するの？」

「学校に行きます！」

六大君は三月下旬、職員と長期生の万歳に送られて、総本山を後にした。玄関を出て手を振る六大君は、自信と希望に満ち溢れて輝いていた。

学校と親との話し合いで六大君は中学三年生に進級した。学校では通常、三年生の勉強をし、授業終了後、二年生の勉強をするという生活が始まった。並々ならぬ六大君の決意に教師《せんせい》方は協力を惜《お》しまなかった。特に、一日も学校に行かなかった二年生の担任は、大変な力の入れようだった。

平成十四年元旦。六大君の父親・小川正雄さんから年賀状が届いた。印刷された賀状の余白に、このように墨で書かれていた。
「今年、六大は高校を受験致します」

高校合格

平成十四年二月十三日、昼食をすませた私は、体験談集『いのち輝く2』の最後の原稿整理をしていた。岡田淳総務が一枚のFAXを持って練成部の事務所に現れた。嬉しそうな笑顔を浮かべてFAXを渡された。

生長の家総本山　総務　岡田淳　先生　皆々様
合掌　ありがとうございます。
先生方、皆々様のあたたかいお心にふれ、おかげをもちまして、六大、無事高校に合格いたしました。尊いお祈りに深く感謝申し上げます。
再拝

そして合格通知書のコピーが添付されていた。

合格通知書
合格コース　総合コース
受験番号　一〇四四
生徒氏名　小川六大
あなたは平成十四年度入学試験に合格しましたので通知します
平成十四年二月十二日　南京都高等学校　校長　本部廣哲

六大君の爽やかな精悍な笑顔が、脳裏を過《よ》ぎった。

父とWバインド

長崎　上戸大助さん（29歳）
文と解説・喜多正道

浄心の日

「あなたに僕の人生が分かりますか！」

静かに会話をし、とてもおとなしく賢そうな青年は、目をむき出しに顔を紅潮させて乗り出すように私に迫ってきた。彼は上戸大助という名の二十九歳の青年だった。初日の面接用紙には、借金（自分が経営するインターネット商法の運転資金と大学の時の奨学金併せて三百万円）がある事、「てんかん」の症状があること、それから「アトピー」「腎炎」、そして生き方について「信仰」と書いてあった。

平成十三年六月の一般練成会の事である。真面目そうな彼はいつも最前列に坐り全て

いた。話かけても物腰柔らかく、とても上手に対応する人だと思ってい
た。初日、二日目、三日目と行事終了後の班別座談会でも、各講師の講話の素晴らしさ
や、二十歳の時に宇治で練成会を受けたときには分からなかった行《ぎょう》の大切さを知った喜
びなどを班員の皆と語っていた。

総本山の一般練成会では四日目を〝浄心《じょうしん》の日〟と名付けてある。午前の行事から午後、夜の行事と宗教行が続くのが特徴だ。「実相円満完全」と唱える実相円満誦行、「お父さんありがとうございます、お母さんありがとうございます」と唱える浄心感謝行、そして今までに犯した罪を思いつくままに紙に書き浄化の火によって浄め、本来罪無しの神の子の自覚を得る浄心行とプログラムは流れるように進行していく。そして特徴としては、その日の行事終了後から自由参加で「祈りの会」というのが開催される。祈りをもっと深めたい人や祈りについての疑問や質問を持つ参加者が集まり、一時間ほど神想観《しんそうかん》の実修を含め真理を研鑽する楽しい会である。

私は浄心感謝行の担当講師として、その日も父母への感謝の念の大切さを、テキストと「私と父母・私と息子たち」のエピソードを紹介しながら話していた。会場を見回す

といつも最前列で講話を聞いていた上戸さんが、一番後で行事を受けていた。何となく表情がいつもと違うように思えた。実修も終わり、夜の行事の浄心行も荘厳な雰囲気の中に滞《とどこお》りなく進み、参加者も感動の内に無事終了した。私はその日の「祈りの会」の担当でもあったので、班別座談会を済ませ参加者の皆さんの喜びの感想を記録し、午後九時過ぎ「祈りの会」の会場である「創造の間」へと階段を小走りに急いだ。

祈りの会での質問

薄暗い会場前の廊下に一人誰かが立っている。私は〝おっ！　もう誰か来ているな〟とその影に近づいた。

「あぁ上戸さんじゃないですか。遅くなりました、さぁどうぞ中へお入り下さい」

「どうも。少しだけお時間をいただけますか、質問したいことがあったんで……」

「そうですか、まぁ中に入りましょう。どうぞ」

「質問は、実相と現象のことについてです。五分程でいいですから……」

「そうですか、どうぞ中へ」

そんな会話から私と上戸さんとの関係は始まった。

祈りの会には毎回多くの方々が参加下さり、和《なご》やかな雰囲気の中、楽しく参加者の皆さんと真理について率直に語り合い、そして神想観を実修する。しかしその日は私と上戸さんの二人で始まった。部屋の中で向かい合い、坐るとすぐ上戸さんが、

「あのぉ、なんて呼んだらいいですかね？」

「あぁ、私は喜多と言いますから喜多さんでいいですよ」

「それでは喜多さん、五分でいいです。実相と現象についてですが、実相が完全円満であってそこに全てがあるとしたら、又はそこに本来の完全円満な自分なるものがあるとしたら、なぜわざわざ不完全な現象が必要なんですか？　というのが僕の質問です」

私は一瞬隙《すき》をつかれたような感があり、ドキッとした。しかし私も同じように思ったことがあり、聖典の中に出て来たある比喩《ひゆ》を思い出し、次のように答えた。

「そうですか……、私が同じような疑問を持ったときに、聖典の中で次のような比喩と出会ったんです。それはある画家が自身の人生の中で美しい風景、あるいはすばらしい物と出会ったとき、それを描《えが》きたいという衝動《しょうどう》に駆《か》られる。それで彼は自分の前にカン

バスを置き、そして絵の具と筆を持ってその素晴らしさを描き始める。それは三次元の縦・横・厚みなる世界をわざわざ次元の低い二次元の縦・横の世界に表現し始める。描き終わるとまだ全てを描ききっていないから、または描ききる度量なるモノがまだ自分にはあると思うから、次のカンバスを取り出しまた描き始める。それは画家がそのすばらしい景色や物を描くことが喜びであるから、描くことが楽しくてたまらないから、その表現活動を続けるのであり、画家はそうして一生を終わる。その画家の一生をつまらない一生だと思う人はいないでしょう。というような比喩だったと思うんですけど、実相人間と現象人間はこれによって納得が私は得られたんです。無限次元なる実相をこの現象世界に表現することが心の中で嬉しいから、喜びだからこそ、この肉体なる道具を使用し、その実相の素晴らしさを表現し続けるんですね。それが『神 真理を告げ給う』や『心でつくる世界』などに書いてありますよ」

我ながらなかなか上手に答えたなぁ、と思った。上戸さんは、私の顔を眺めながら、頭を斜めに振りながら、

「なんだか分かるような、分からないような感じですね」

納得はしてもらえていないようだが、彼の質問には答えたので次を待っていた。五分はもう過ぎていた。すると彼は次のように会話を進めたのである。

「喜多さん、講師の人はどうやって講師になるんですか？」

私はまた、ドキッとした。そして彼は何かに怒っているのかと思った。

「ハイッ、それは講師試験というのがあって試験に受かった人が講師となります。もちろんその人選も総本山でしたら総務や部長職の皆さんが選んだ人が試験を受けるんです」

「そうですか」

「ハイッ、そうです」

「それじゃ、練成会の中で講話をする講師の人はどうやって決まるんですか！」

なんだか変なことを聞くなぁ、と思うと同時に、少しずつ彼のあの物腰柔らかな口調とはかけ離れた大きな吐き捨てるような声になってきた。

「色々お聞きになりたいことがあるんですね」

「すいません、そういえば五分程度って言ってましたね」

少し微笑《ほほえ》んだ。

「いえ良いんですよ。そうですね、それも総務や練成部の役職者がこの講話はこの講師にしてもらおうと言うことで決めています」

「そうですか」

「ハイッ」

「実は今回練成会を受けてみて気付いたことがあるんです。一つは行が大切だということです。それは今まで思ってもいなかった、というより、しなくてもいいかと思っていたんです。ですけど実相世界を観じることや感謝のコトバを唱えることはやはりするべきだと。気持ちがいいですからね」

「そうですね」

「でも、もう一つあるんです。誰というわけではないんです。誰というわけではないんですが、僕は今まで講話をどういう風に聞いていたかが分かったんです」

「そうですか、どういう風に聞いていたんですか」

私は冷静に、且つ丁寧《ていねい》に話す上戸さんを眺めながら〝彼は本当は何を聞きたくてこの

「祈りの会」に来たんだろう〟そんなことを考えていた。

Wバインド

「喜多さん、喜多さんはW《ダブル》バインドって知っていますか」

「Wバインドですか⁉」

私には初めて聞く言葉だった。それは心理学の中で使用する用語だと教えてくれ、自分は大学の時に心理学を学んだ、と説明してくれた。

「これから喜多さんにそのWバインドをお見せしますから、分かったら言って下さい、いいですね」

そう言って彼は、私の顔をジーッと険しい顔で眺めながら、

「私はあなたを愛しています」

と言った。私は狐につままれたような感じで、何と答えればいいのか分からなかった。

「うーん、なんだか分かるような分からないような感じですね」

「そうですか、これがWバインドです」

それは同一人物から二つのメッセージをもらうこと、バインドとは拘束されるという意味があり、「W」いわゆる2つの事から拘束され、がんじがらめになり身動きのとれなくなる状況を言うようだった。

「今回講話を聞きながら、僕はこの状況で講話を聞いていたことに気づいたんです。講師の方は〝人間は神の子である〟と縦の真理を説きますよね、縦に矢印を引いたりして。そしてあなたは本当は素晴らしいんですよ、本来は完全円満で一度だってけがれたことのない素晴らしい存在が本当のあなたなんですよ、と。そしてその後、横に矢印を引き〝現象は全て心の現れである〟という心の法則、いわゆる横の真理を説くでしょ。僕にはこれが、あなたは本当は素晴らしい存在だけど、あなたは心がそんな風に悪いからうまく行かないんだ、あなたは本当は素晴らしいんだけど、心がだめだからうまく行かないんだ、と聞こえていたんです」

そう話しながらまた彼の口調はボルテージを上げていった。上戸さんはだから私に講師の決め方や講話をする講師のことを聞いたりしたのである。講師を攻めるつもりはないが混乱していく自分の思いを押さえきれなくなっての言葉だった。片方で素晴らしいと言いながら、もう一方で心がだめだと同一人物から言われると、一体本当の自分はどこにあるんだと混乱する。彼は私に訴えるように声を荒げた。私はただその場で彼の表情や口調が荒々しくなるのを見続けるだけだった。しかし何故か、私は彼が「今、浄まっていっている」と思っていた。彼は混乱しながらも行の大切さをかみしめ、今日は朝からずーっと浄心の行を懸命にしたのであろう。それにも拘《かかわ》らず本来の自分の存在が何故こんな肉体として表現されているか？　どうしても納得いかなかったのだ。混乱をし続けている彼は、次にようやくと言って良いのか、吐き捨てるように私のことを話し始めた。

「喜多さん、あなたは講話に立たれたときにあなたのお父さんやお母さんのこと、そして息子さんのことを話していましたね。そりゃあなたは良いですよ、立派な父を持ち、生長の家を知っている母を持ち、温かく育てられ、真理の雰囲気の中で大事に育てられたのですから」

そのときの上戸さんの表情は怖いくらいに憎しみの表情へと変わっていた。

「練成員の中には、あなたのような人ばかりではないことを分かってあなたは話をしていたんですか！」

そしてあの冒頭の言葉を発したのだ。

「あなたに僕の人生が分かりますか！」

父への感謝

彼は二十歳の時、大変なアトピー性皮膚炎で悩された。そして宇治別格本山の練成会に参加するのである。顔は真っ赤に、パンパンに腫れ上がり輪郭《りんかく》さえ分からないくらいだった、と当時の彼をT講師が私に教えてくれた。しかし彼はその練成会で〝人間は神の子である〟の真理を聞き、感動し十日間でそのアトピー性皮膚炎が朝露のごとく消えていくのである。彼にとっては大きな〝奇蹟〟だったであろう。講師も皆驚き、喜び、びっくりしたとT講師は言った。それから九年、彼は彼なりに一所懸命生長の家を学んだ。彼のことだから聖典を読みに読んだことだろう。疑問をひとつひとつクリヤーし頑張ったことだろう。しかし彼にはどうしてもクリヤー出来ないことがあった。どうしても受け入れることの出来ないことがあった。

それは両親への感謝だったのである。もっと言うと父への感謝だったのである。彼の根底に〝実相と現象〟という言葉でごまかしつつ、押さえ続けてきたのは〝父との生活〟であったのだ。生長の家の真理が分かれば分かるほど、父母への感謝が彼に重くのしかかったのである。

「僕は父に殴《なぐ》られ蹴《け》られ、殺されそうになったんですよ。僕はそうやってずーっと育てられたんですよ。父と母はいつも喧嘩をし、酒を飲んでは暴力を振るうんですよ」

「僕のことを蹴り殴り、殺しそうになった父はその手で僕のことを抱きしめ『おまえは俺の宝だ』って言うんですよ。僕はそのとき本当に反吐《へど》が出そうになった。信じられなかった」

「あなたは自分に子供が出来て、そして育てる中でそれまで分からなかった父母の愛がより一層分かるようになったと言っていたが、あなたは僕が子供を育てられると思いますか。そんな育てられ方を経験した僕が普通に子供と接することが出来ると思いますか。そんなことまで分かって講話をしていたんですか。僕のそんな想いがあなたには分かるんですか!」

上戸さんの形相《ぎょうそう》は鬼のようだった。一体あのおとなしい彼はどこに行ったのかっ、と言う感じだった。私はただひたすら聞くことしか出来なかった。こんなにも父母に感謝することが出来ない人がいるのかと思い、またそれは感謝できないだろうなぁ、と思う自分もあった。そして心の中で『この人は今、神の祝福を受けている、神の祝福を受けている』と唱えていた。

私は「分かりません」と答えた。私には分かりようがなかった。なぜなら私には彼のような人生がなかったから。しかし彼にも〝神に感謝しても父母に感謝しえないものは神の心にかなわぬ〟という真理はあてはまるはずである。だから、

「それでも、お父さんを赦《ゆる》してほしいですね」

と言った。それはやはり自分の子育てから学んだことだった。生長の家の教育と分かっていても実際目の前で、二つや三つの子がコップなどを床に落として遊んでいると、カーッとなって訳も分からず頭などを平手でパシッとたたいている自分に気づく。そしてその後、今度は胸の中がキューーッと苦しくなって〝しまった！〟と思う。そしてその事など忘れたように私に寄ってくる我が子を「神の子さん！」と言って抱きしめている

自分を知っている。だから上戸さんのお父さんがどういった想いで彼を殴っていたかは分からないが、やはりお父さんは彼を愛していた。そう上戸さんに分かってほしかった。

彼は腕を組みうなだれてしまっていた。上戸さんにとっては百も承知のことなのだ。

「そうですよね、そうなんですよね」

と呟《つぶや》いていた。

「それじゃ、喜多さん、僕はどうしたらいいんですか」

彼の声は本当に助けてほしいという声だった。

「私には分かりません。分かりませんけど、私たち講師は真理を説き、皆さんを門の前までは連れて行くことは出来る。しかしその門に勇気を出して真理の鍵を鍵穴に差し込むのは私ではない。あなた自身ですよ！　勇気を持ってその門を開いてみて下さい」

彼はうなだれたまま聞き、うなずいているようにも思えた。時計に目をやると午後十一時を過ぎていた、約二時間、私たちは二人きりで「祈りの会」をしていたのである。その間、会場に来た人がいたかも知れないが、到底入る気にはなれなかっただろう。それほどピーンと張りつめた時間だった。

「済みません。こんな時間まで」

「いいえ、楽しかったですよ」

短い神想観を真剣にし、我々は何故かスッキリとして別れたのを今も思い出す。

素敵な夫婦

五日目に先祖供養をし、六日目の朝は谷口雅春先生・谷口輝子先生がお鎮《しず》まりになる奥津城《おくつき》まで参加者皆で登山をし、ご挨拶をし、あふれ出る感謝の思いのままに聖経『甘露の法雨』を読誦するのである。

この二五七回の練成会には、佐伯日登司・佐伯静乃さんと言う老夫婦が参加していた。奥さんは二、三年前に脳腫瘍の手術をし、それから目と耳が少し不自由な方だった。だから旦那さんは行事中は講話があると隣同士に坐り、奥さんの聞こえる方の耳にその内容を話されながら行事を受け、どこに行くにも手をつなぎ旦那さんが何でもお世話をしておられた。その佐伯さんご夫婦が皆さんと一緒に登山すると言われるのである。皆の集団から後れながら、しっかりと手をつなぎ仲むつまじく登るこの老夫婦のことが気になったのか、上戸さんはその後をついてゆっくり奥津城まで登り始めた。

彼は登ってゆく二人を見ながら、もうすぐ奥津城と言うときに「涙は出ませんでしたけど、あぁ素敵だなぁ、という風に感じた」と体験談で発表していた。彼の心は確実に変化を起こしていた。座談会の中でご夫婦で参加の方々が向かい合い、合掌し、感謝し、握手をし合う姿を見たときには「今回ご夫婦で来られた方が多いですけど、さっきの座談会でですね、向かい合って〝ありがとうございます〟と言われたじゃないですか。それを見ているときに結婚というか夫婦というものも良いなぁと言う風に感じました」とも発表した。そして七日間で柔らかく気持ちが変わった上戸さんは、最終日にある祈り合いの神想観では、祈られる側に回り参加者の皆さんに借金のことを祈ってもらった。

そして決意発表の時間が来たのである。私はその日、司会の担当であり会場にいた。上戸さんの班が前方中央で整列をし、一人ひとり決意を発表した。上戸さんの番が来た。

「皆さん先ほどは、僕の借金のことを祈って下さってありがとうございました」

ハツラツとした声で続けた。

「これで僕の借金は消えました。これからは商売は繁盛します。ありがとうございます」

皆の拍手が鳴った。とその時チラッと司会席の私の方を向き、それから次のように発表を続けた。

「それで決意としましては、僕はこれから結婚してみようと思います」

私はまたドキッと、上戸さんにさせられた。

「そして子供を育ててみようと思います、それが私の父と母が一番喜んでくれる姿だと思いますから」

と締めくくった。一瞬ふるえる司会の声に負けそうな自分があった。涙もこらえた。あの「祈りの会」の出来事は私と彼しか知らないこと。彼の決意の言葉は私の心に一生残るコトバとなった。

どうか色々の練成道場で、じっくりと真理のコトバを味わって頂きたいものである。人はよく物質の食事には気を配っているが、とかく〝魂の栄養〟はおろそかにしがちである。食物の方は毎日あきもせず、同じようなパンやバターやご飯を食べていながら、魂や心の養分は、「一回だけでよかろう」と思うかもしれないが、実は何回でも繰り返し摂取する方がよりよく深く自覚され、よろこびも楽しみも、限りなくふくらんで来るのである。(谷口清超先生著『いのちを引きだす練成会』「はしがき」参照)

練成会後の心境

彼は練成会から帰り半年間、毎日祈ることを実践し、自宅のお風呂を磨く度に〝ありがとうございます〟と唱えている自分を喜び、会社帰りには必ず先祖の墓へお参りに行くようになったと電話で報告してくれた。

メールで送ってくれた彼の、その後の心境の一部を掲載する

喜多さんへ。もう、思いつくまま書き殴った感じです。恥ずかしいほど「迷い」が文章に表れています。意味不明、失礼な内容もご勘弁下さい。でも「立派」な文章よりも、私の「迷い」も含めた正直な心境が出ていて、ある意味いいかも知れないなぁと思っています。とりあえず送信します。

僕は、生長の家が好きです。そして、練成会がすきです。

宇治に参加した時は、「真理」を必死に知的に理解しようと必死になっていました。その真理が「頭で理解」できれば、苦しみが解決するように思っていました。ですので、その理解＝答え＝幸福という構図ができていたのです。そう言う小難しい話はT先生が得意でしたので、二十歳の僕はT先生に食らいついていました。しかし、答えはなかったように思います。というより、今思えば「それはわからんなー」という答えが欲しかったように思います。僕は混乱しまくったのです。それで私は悩み続けました。十年悩み続けました。そして、始めて「自分にはわからない」と答える講師に出会いました。それが、喜多講師でした。感動しました。その答えに、僕の中で「共鳴」が起こりました。簡単に言うと「安心」しました。ほっとしたのです。すごく楽になったのです。それまでは、嫌いでした。薄っぺらな感じが嫌いでした。真理を生きているようにはとても見えませんでした。ですので、喧嘩を吹っかけるような感じで「祈りの会」に参加したのです。

谷口雅春先生は悟ったのだ。「実感」の世界にいる。「理解」の世界ではない。だから、雅春先生の話を「理解」しようとしても無駄だ。いくら土俵際で相撲を見ていても、実際に土俵に上がって相撲をとって見なければ、相撲の楽しさも辛さも分からん。それが「実感」の世界だ。では、谷口雅春先生が悟った世界に、実相世界に行く方法はないのか？　ある！　それが、神想観じゃないか！　だから、神想観、神想観と口をすっぱくして言ってるのじゃないか。

でもその神想観がエベレストだったら意味ないじゃないか！「しあわせになりたいか。よし、それならあの山に登りなさい。そうすればしあわせになれる。その山は、エベレスト山だ！」それほど神想観が特別なものだとしたら、意味がない。でも神想観って、エベレスト山に登るほど大変な事なの？　イエス！　すごく大変で特別なものです。だって毎日続かない。実際、多くの人が続いていない。苦行は続かない。しんどいのは、いやだ！

「苦しいけれど、意味のある人生」。それは例えば「オセロゲーム」のようなものです。あなたが苦しんだ事はすべて、喜びに変わる。だからよかったと言える日が必ず来る。オセロゲームのように。最後にはすべて白に変わる。

じゃ、なぜ始めから白ばかりじゃないのか。白だけを置いていく世の中ならいいじゃないか。最後に黒が全部ひっくり返ったとしても。という問いかけもすべてひっくるめて「あ、そうか、だからよかったんだ！」と言える日が来る。↓実相と現象を考えると、こんな感じになってとっても疲れます。

本当は、実は今でも父母を恨んでいるんです。そして、感謝できない自分を責めているんです。「どうして感謝できないんだ。どうして三十年間育ててくれた両親に感謝できないんだ。この悩み苦しみは、両親に感謝できないと解決しないんだぞ。このままだと、いつまでたっても幸せになれない。苦しみ続ける。ああ、両親に感謝しなければ、感謝しなければ……」そんな問いかけが続いているんです。

これは、喜多講師と「祈りの会」で言い合った内容そのままです。なにも変わってないようで、少しがっかりです。いや、とってもがっかりです。練成会なんて結局役に立たないんじゃないか……と思えてきます。一時的な「対症療法的な」感じがします。

そう思う反面、「根本療法的な」感じもします。それが今回の練成会に参加して感じたことです。宇治の練成会に参加して十年たってやっと感じられたことです。二十歳の時に宇治の練成会にはじめて参加して、「答え」を探しまくりました。真理を追究しまくりました。自分のアトピーや人間関係や、うつ病や、対人恐怖や自律神経失調症、心身症そんな悩みを解決してくれる「答え」がほしかった。それさえもらえればそれでよかった。他のことはめんどくさくて、うっとうしかった。

では、僕が本当に求めていたものはなんだったのか？　それは、気づけば簡単なものです。それは「安心感」です。僕は安心したかった。不安でたまらなかったから、生きていることが不安で苦しくて、辛くて、悩みまくっていて、不安で不安でたまらなかったから、ただただ「安心」したかった。ただそれだけだったんです。ただ、それだけだったんです。でも、「自分は、苦しくて、寂しくて、不安でたまらないんです……」とは言えない。本当に苦しい時に、苦しいとは言えない。というより、そう言えない事が、苦しみの根本的な原因だったのですから。父母に決して口が裂けても言えないように。

だから、T先生に「なぜ、神様は実相と現象を創ったのですか？」という問いかけをしてごまかしていたのです。本当はそんな事はどうでもよかった。本当は「T先生、僕は今とても苦しくて、寂しくて、不安でたまらないんです。どうかこの気持ちをわかってください。ただただ、この気持ちに共感してください」と本当はそう言いたかったのです。「なぜ実相と現象があるのか？」という問いへの「答え」は知的満足はできても、心的満足はまるでなかった。まったく、まったくなかった。理解はできても、まるで幸せではなかった。わかってはいても、でも苦しかった。それが、十年前でした。

でも、本当に分かってほしいのは、両親になのです。父母になのです。どうして僕を殺そうとしたのか。どうして、あれほど殴ったのか。恐ろしかった。殺されると思った。本当に、そう思った。親に、自分を生んだ親に殺されると思った。そう心底おもった。それが、ずっとトラウマになっていた。心の傷害になっていた。生きていることが辛かった。生まれてきた事がとても辛かった。自分には価値がないと思っていた。そう思えて仕方なかった。心の奥底ではいつもいつも、自分は生きていてはダメなんだ……と思っていたようです。自分では気づかなかった無意識の想いがアトピーとなり、急性腎炎となり、てんかんとなって表れていたのです。それらの病気になることで両親に苦しみを分かってほしいと、全身で訴えていたのです。

宇治の練成会に参加し、総本山の練成会に参加し、自分なりに真理の勉強をし、大学で心理学を学び、カウンセリングを三年間受けるなどして、やっと父との関係を冷静に見ることが出来るようになってきました。

小さかった僕は「殺される！」と思うほどの恐怖を感じたけれども、オヤジはそんなつもりはなかったのでしょう。ただ、父もその時まだ若くて、苦しくて商売がうまくいかなくて、悩んでいて、そんなときに僕たち兄弟がケンカして騒いでいて、イライラしていて、その腹いせもあってついつい暴力を振るった。酒も飲まずにはおれなかった。その酒の勢いもあって殴った。子供を、妻を、そして暴れた。家の中をぐちゃぐちゃにした。でも、それはオヤジも辛かったんだろうな……

しかし、ここまではやっぱり頭でわかっていることです。心の底からはとても思えない。

浄心行でその恨みつらみを書きまくっても、殴り書きしても、感謝行で何度も何度も「お父さんお母さんありがとう」と叫び続けても、ありがとう、ありがとう、ありがとうと何度も何度も何度も叫んでも、でも、それでも、あの時のオヤジのことが許せない。許せない。僕は、許せない。

だから、決して結婚しない。この世界に生まれ出る事の苦しみを子供に感じさせたくない。この世が「生きてるって、すごく楽しいよ。生きてるって、素晴らしいよ！」って思えていたら、きっと子供もそう感じて生きれるでしょう。でも「生きてるって、苦しい。何のために人は……」と思っていたら、悲劇は繰り返す。だから、結婚も親になることもしたくない。

そんなつぶやきは実際今もあるのです。しかし、練成会に参加して、その思いは半分になりました。「結婚してみようかな……」と思えたのです。「奇蹟」です。完璧《かんぺき》な自分になってから……と思っていたのですが、不完全な自分のまま、とりあえず結婚してみようかと。そうする事で、辛かった若き日の親父のほんとうの苦しみがわかるのではないだろうかと。そして、「殴らずにはおれなかった、酒を飲まずにはおれなかった、暴れずにはおれなかった」その本当の気持ちがわかるのではないだろうかと。

その気持ちが分った時、生まれてきた意味が実感できるのかもしれません。

ここまで分かって結婚すれば、自分で言うのもなんですが、僕はきっといい父親になると思います。完璧でなくても、「生きてるって素晴らしい‼」って思えなくても、それでも、自信をもって結婚し子供を産み、そして自分がしてきた事を子供に素直に語れる気がします。そして、不完全でも決して構わない事を、自分自身の生き方で示せる気がします。

そして、家庭を持ったときに初めて、本当の意味で父母に「ありがとう」と言えるのかもしれません。今までの練成会での体験や理解はやはり外側から見た世界でしょう。次は、もう思いきって内側の世界に飛び込んでみる時期に来ているのかもしれません。この十年間で僕は精一杯やった。スーパーマンにはなれなかった。でも結婚してみよう。大丈夫、不完全でもいいから。

土俵にあがろう。そして相撲を取ってみよう。もう観客は終わり。土俵の周りから野次を飛ばすだけの観客の生き方は終わり。土俵に上がろう。準備はしっかりとやったから。そして、本当の相撲の楽しさを、生きている素晴らしさ！　を体感しよう。

どうして神様は「実相と現象を創ったのか?」↓面白くなってきた!

監禁されゆすられた息子が無事帰って来た

大幸安寿（53歳・仮名）

文と解説・佐藤良祐

「拉致《らち》された息子のことで相談に来ました」

「拉致？　どういうことですか？」

「恥ずかしいことですが、パチンコが好きで通っているうちに一人の女性と友達になり、親しくなったようです。ところがその女性は暴力団関係の人で、今までに数回脅《おど》し取られています。今月二十九日、外泊したと思ったら監禁《かんきん》されてゆすられています。大晦日《おおみそか》の今朝もそのような電話がありました。息子は百万円貸してくれ、と言います。以前から三人組に度々脅されていました。息子の身に何か起こらなければ、と不安でたまらず来ました。お金のことはどうにかなるのですが、このまま続けていると私達の家庭・家族関係が崩壊《ほうかい》してしまうのではないか？　それからこのようなことが発生した原因が何処《どこ》にあるのか？　伺いたいのです。勿論、息子がだらしないことは解っておりますが……」

「解りました。ところで生長の家のことはご存じですか？　組織に加入しているとか、聖使命会員であるとか、練成会に参加したことがあるとか、或いは宗教関係は初めてだとか」

「いいえ、私達夫婦はお互い青年時代に生長の家にふれまして十八年くらい続けましたが、なかなか至らない者ですから、その後、他の宗教に十二年行きまして、三カ月前に戻って来ました。現在は聖典を一所懸命拝読しています」

「そうですか、でも大丈夫です。至っていますよ。私達は永遠の流れの中にいるのですね。今日総本山に来たということは最高の幸せです。もう一つ伺いますが、神想観はやってますか？　聖経『甘露の法雨』を読んでますか？」

「神想観はあまりしません。聖経は時々読んでいます」

「神想観は一日一回はするといいですよ。聖経も時々ではなく日に一度は読誦するといいです。『甘露の法雨』の中の〝神〟という項目に《この全能なる神、完全なる神の『心』動き出でてコトバとなれば一切の現象展開して万物成る》とありますね。私達が病気になったり、様々な問題を起こしたり、或いは巻き込まれたりして、悩んだり苦しんだりするのは、神様の心が展開している実在の世界、本当にある世界を知らずして、仮の姿であり影であるところの現れの世界を本物と思い違いしているからですよ。私達は、人間は神のいのち・仏のいのちそのものだということを教えて頂いております。生きとし生けるものを生かしている生命の本源なる大生命そのものだと言うことですね。『甘露の法雨』の中にはそのことが示されている。だから読誦すると数多《あまた》の問題が氷解していくのは、神の心がコトバとして展開している世界に、その人の内奥《ないおう》なるいのちが共鳴して躍動し想念感情が浄まるのですよ。するとその人の想念感情の乱れとして現れている肉体の乱れ、環境の乱れが調《ととの》うのですよ。そのことを生長の家では〝人間は神の子である〟という縦の真理。横の真理として唯心所現、心の展開として現象世界が繰り広げられるということですね。その中には霊魂世界も含まれるのですよ。先祖供養はなさってますか?」

「先祖供養はそれなりにやっております。この問題は私達夫婦の問題だということが理解出来たのですが、どこに原因があり、どのように直したらいいですか?」

「原因を探すことは不可能ですよ。何故なら一人の人が誕生するということは、そのいのちの流れの中に、何回あるか解らないその人の前世と、その家系の先祖代々の流れとの組み合わせであるからですよ。従って自分たち親の育て方が悪かったのだろうか? 息子の何処に原因があるのだろうか? と考えると大変ですよ。勿論、生長の家の本の中には、心の法則としての因果律が説かれ、改善された実例が書かれております。私達講師は、あくまでもそれは一般論として受け止めて、それぞれの方には、その方にあった最も適切なアドバイスをさせていただくのです。それらはその時にその場所で指導を受け、その人が体験したことであり、誤解を恐れずいいますと万人に通用しないからです。一人一人はその人独自の人生経験をもってこの世に誕生しているのですからね。

それでは具体的に今後のことについて話をします。何故このようなことが起きたかといいますと、ご家庭に神様の御心が現れるためですね。お一人お一人がいのちの本源なる大生命を自覚して生活するためです。此処《ここ》総本山に来たということは、いのちが甦《よみがえ》ることです。そのためには御夫婦で全期間、今日から開催される新春練成会を受講して神想観を体得して下さい。神想観とは神様を自覚して一つになることです。練成会受講中は、息子さんを始め家族一人一人を祝福して祈り、聖経を読み、感謝と悦びの心で行事に参加して下さい。御夫婦で参加できるなんて最高の悦びですよ。それともうひとつ、道場に行く前に警察に行って届け出て下さい。ここに来る途中に駐在所がありましたね。そこでいいですよ。事情をお話して捜索《そうさく》をお願いして下さい」

「大丈夫でしょうか？　息子の身に何か起きませんか？」

「大丈夫ですよ。一つの出来事を解決するのには四つの方法があります。一つは、現象処理の方法です。病気であれば病院に行くとか薬を服用するとかする。次は、心の法則を駆使して解決に導く方法です。三つ目は、先祖供養・流産児供養等を実修して霊的に解決していく方法です。四番目は、すべてを神様に全托して、神の愛を生き、感謝の生活をしていく中で解決していくものです。今私が話したのは、一つ目と四つ目ですね。現れの身は別々であっても、家族全員の本体なるいのちは神様の御懐にいるということですよ。安心して練成会を受けて下さい」

「ありがとうございました」

御夫婦は、その足で駐在所に行き、事情を説明してお願いしたところ、その場で長崎県警察本部と連絡を取り、地元の○○県警と連絡をとって下さり、情報交換していく中で、「ああ、そのグループはうちのリストにあるよ、手配しよう」ということで地元の捜索が始まった。

一方、練成会に参加した御夫婦には、息子さんから「早くお金を都合してくれ」と幾度となく連絡が入り、三十一日夜十一時頃の電話には、三人組うちの一人が電話に出て「お前達親からとことん金をむしり取ってやる」と脅され、心配と不安はつのるばかりだった。しかし御夫婦とも、講話の真理の言葉に励まされ、練成会参加者の体験談に安心し、また参加者の中の親しくなった人から「神も仏も信じなかった私が生長の家で救われた。あなた方も必ず救われる」と力強く激励される中、練成会を受講された。

三日目の朝、母親は家に連絡を入れたところ、息子さんは無事に帰っており、息子さ

んは電話で、今まで見せなかった優しさで、

「お母さん、ありがとう」

と言い、これまで何が気に障《さわ》るのか、父親に対して意地を張りツッパッテいたのが、

「お父さんのお蔭だ。お父さんにありがとう、と言ってね」

と言われ、母親はまるで奇蹟を見ているようだ、と感動の中に報告された。

一方御主人は、練成会での講師の方々の講話並びに体験談は、語られる真理が本物であり、生きた証《あかし》であると感想を述べられるとともに、

「もう一度生長の家を一から学び直し多くの人にお伝えして、自他共に幸せになります」

と決意発表で語られた。

三人の相手のうち二人は、警察で取り調べを受けることとなり、もう一人は手配された。平成十三年一月のことである。

一所懸命が大生命の扉を開く

熊本　西　二郎さん（44歳）

平成十四年二月の「献労練成会」が私の人生の「観」の転換になったことを心から感謝いたします。

腹の立つことばかり

私には、どうしても参加したい理由がありました。仕事の面では懸命に頑張っているのにうまくいかない、腹の立つことばかりが続き、最近では不平不満を他にぶつけるようになり、イライラの毎日が続くようになったからです。私は無限力を信じて努力してきました。電気主任技術者として設備管理技術者として八つも九つも資格《ライセンス》をとりました。懸命に努力すれば何でも報われる、認めてもらえる、と思っていました。

昨年の四月。人事異動で来られた課長補佐級の係長。その方は初めての市民病院勤務でしたから、最初の半年間は係長とうまく行きました。私の五年の経験がきいていたのでしょう。ところが、昨年の十月頃から違ってきました。努力され、詳しくなられました。それだけに今度はバリバリです。

「今の市民病院に必要なことを〝今〟せないかん！」

と係長は力説されます。生長の家の〝今を生きる〟生活です。素直に「ハイ」と言えれば何も問題はなかったのです。過去の努力した自分、経験を積み上げた自分、その世界で充分生きていける自分と思っていました。

「何で自分の言うことが解《わか》んなはらんとだろか⁉」

と思っていました。でも考えてみたら、係長は、私の過去を、経験を、してきたことを知りません。ただひたすら責任を感じ、市民病院のために仕事をされている誠実な方なのに、何で素直に「ハイ」と言えないのか、とまた自分を責めます。

家内に脱帽

家内は、私が家に帰るたびに自分がやっていることを、例えば作った資料を見せたり、思いを込めて話すと「頑張ってるね」と理解してくれました。でもそれを続けるとだんだん腹を立てるようになり、「あなたの話には棘《とげ》がある。聞きたくなくなるのよね」と言い始めました。最後は、「だけん何ね、係長は七つも八つも年上でしょう。あなたが変わらんと。何ば求めよっとね。いっぺんでも素直に〝ハイ〟って言ってみるたい。そしたら変わるよ。それが生長の家でしょう。それが出来ないなら、練成会に行きなっせ」と言われました。それが、「献労練成会」参加の引き金になりました。家内も生長の家を信仰していますが、生長の家の話になると私にかなわないと思っているようでした。なぜなら、私は高校二年生から生長の家を知っており、それだけに自信を持っていたからかも知れません。でも今回は、家内に脱帽でした。

一文字の違い

献労練成会に参加した私は、無心に懸命に椎茸の原木を担ぎ、感謝誦行をしました。本当にひっかかりのない心、無心になりたい、と思ったからです。

神の導きが始まった、と思われたのは、昼食のチャンポンを食べられているT講師《せんせい》の

前に坐ったことからでした。私は思わず講師《せんせい》に、

「講師《せんせい》、献労練成会は素晴らしいですね。一生懸命は素晴らしいですね。私は〝一生懸命が大生命の扉を開く〟という谷口雅春先生の御言葉が好きなんです」

と緊張しながらついつい口走ってしまいました。T講師は、チャンポンを食べる箸をおいて、

「一生懸命じゃないですよ。一所懸命です。その〝生〟と〝所〟の〝一文字〟で大きく違うんですよ。昨夜、講話で話したでしょう。鶴嘴《つるはし》を上げる時は上がるだけの力、降ろす時は自然に降りる、双方ともそれ以上の力はいらないでしょう。しかし、最後の一振り、あと十センチのところでグッと力を入れれば、鶴嘴のコツを体得したことになります。そんなに一生、いつもいつも力んでいたら、疲れるだけで人生面白くないでしょう、単純だし……」

「はぁ……」

私は本当にショックでした。おそらく二十八年間、勘違いをしてきたのです。初めて生長の家にふれた高校二年の練成会。あの谷口雅春先生の『あなたは無限能力者』に書

かれている「一生懸命が大生命の扉を開く」を、昼食後にすぐに書籍で確認しました。「生」ではなく「所」でした。「一所懸命が大生命の扉を開く」でした。

私は今まで、夢を描き、無限力を信じ、自分の目標に全力を尽くす。何でもかんでも。それなりの成果はありました。しかし、苦しくもありました。

絶対価値

その日の夜、岡田総務のお話でした。本当の自分についてお話下さいました。

「経験からの自分、金や地位や名誉など持ち物の自分、それらの尺度で判断するから腹が立つのですね。尺度を変えなさい。絶対価値に目を開きなさい」

と言われ、優しく微笑みながら、

「あまり腹を立てないで下さい」

と言われた時、思わず、

「ハイ」

と声を出して答えている自分がいました。その時から全身の力みがほどけた気がしました。救われた思いになりました。

三日目(二月九日)の朝は、「上求菩提《じょうぐぼだい》・下化衆生《げけしゅじょう》の神示」の神示祭でした。「実生活をあまり忙しがるな」とお示し下さいました。

私は、献労練成会で人生が変わりました。神の導きに感謝いたします。

ほめられる人間になりたい

兵庫　竹本純子（17歳）

長寿ホーム練成会に参加して、とても良かったです。はじめはかなり不安で、来るのをやめようと思った事もありました。でも、今は参加できた事に感謝しています。はじめに来た一日目は、すごい不安で訳が分からずパニックになった時期もありました。ここは「ありがとうございます」の世界という事と「みんな神の子」という事が不思議に思えました。でも、それが二日目になると少しなれ、三日目にはだいぶなれて、四日目には手を合わせて自分から「ありがとうございます」と言っている自分に驚きました。もうそれが当たり前に思えるようにまでなりました。そして、ふと気づくと、もうお別れしないといけない日になってしまいました。もう今日寝て次の朝にはお別れする日です。そう考えると、すごく悲しくて、涙が出てきました。

ここに来てすごした四泊五日は、自分の人生にとって、すごくかけがえのないものになりました。私は、見た目も普通の子じゃないし、生活態度も不規則やし、地元でも浮いてるし、外見で悪く見られるから、いつも陰でゴチャゴチャ言われるタイプです。だから、自分自身が嫌になっていました。でも、生長の家に来て、周りの人の優しさやあたたかさにふれて、感謝されて、ほめられて、私はすごく嬉しかったし、こんなにほめられていいのかな？　そんなほめられるような事したかな？　と真剣に思いました。私は人にあまりほめられた事がありません。だから、本当かな？　と思ってしまいます。信用してないとかじゃなくて、自分に自信がないからやと思います。

練成会に来られているおばさんやおばあちゃん達に、「きれいな心を持っている」とか、「純粋で素直な子」とか、「優しい子やな」と言われるのがとても嬉しくて、だから、これからは、他の人からもほめられるような人間になりたいと思いました。ここに来てたくさんの事を学びました。職員の人やおじいちゃん、おばあちゃんやおばさん達から、たくさん、たくさん、励まされ、たくさん力をいただきました。どうもありがとうございました。

失礼とは思いながら、職員の一部の人に友達感覚であだ名をつけてしまいました。MOKA。姐《あね》さん。レオ。やすし。宮尾すすむ。少し反省。本当にいろんな人と仲良くなりました。講義でも、純子と公未《くみ》の事がしょっちゅう出たりして、ここの中では二人は超有名人って感じでした。短い間だったけど、この生長の家ではいい思い出がたくさんできました。このことは一生忘れないと思います。本当に来てよかったです。

ここでの生活で自分自身変わった気がします。自分では変わったと思っても周りが認めてくれなかったらそれまでやし、これからは生長の家での経験を存分にいかして頑張っていこうと思います。ここでの経験や体験が無駄にならないように、これからの人生に活かせるように歩んでいきます。本当に楽しかったです。今度は一般練成会に来たいです。長寿ホームが嫌じゃなくて、いろんな年齢層の人と友達になってみたいからです。今年中に自分の働いたお金で来ます。長くなったけど、これが純子の感想です。では、またあう日まで、さ・よ・う・な・ら・ー！　バイバイ！　純子でした。

人と人とは心でつながる

和歌山　楠本公未（17歳）

ねむいのでてみじかに書くと、ここでの人間関係はとても良かった。やっぱり人と人とは心があり、心でつながるから、人間関係が良かったということは、心が良かったということだ。みんなやさしかったからうれしかった。ここでの人はみんな大好き！（やすしも！）

母を拝むことが出来た

東京　赤坂　梓（20歳）

私はまだ二十歳ですが、長寿ホーム練成会に参加でき、今では本当によかったと思っています。

最初「生長の家」を知った時には、「生長の家」＝「宗教」＝「嫌い」、と毛嫌いしていました。ですが、母が一所懸命になり、家の至る所にカレンダーや教訓みたいなものを貼り始め、私も「生長の家」の言っていることは正しいと思い始めました。しかも、姉が長寿ホーム練成会へ行き、長期生になり、総本山に就職した今では、以前とはガラリと変わり、おおらかな性格になったのを目の当たりにしました。でも、生長の家とは言え宗教である、私には関係ないし必要ない、と思っていました。

そんなある日、私は母に反発して家を飛び出しました。姉はすごく心配して下さり、忙しい仕事の合間に、母と私の中立の立場で、母の言ったことを私に伝え、私の言ったことを母に伝え、更にその連絡のたびにお互いを生長の家の教えを通して導いて下さいました。そのお蔭で段々と私は母への怒りが収まり始め、姉には感謝するばかりでした。そしてそんな姉に勧められるがままに総本山での長寿ホーム練成会に参加しました。

以前嫌々ながらも家族で練成会に一度参加したことがありましたが、やはり会う人会う人「ありがとうございます」と拝まれるのには抵抗があり、笑いの練習では、やはり変、ここにいたらおかしくなる、と思っていました。それでも講師のお話を聴いているうちに、母が今まで私にして下さったこと、愛情いっぱいに育てて下さったことを思い出し、感謝の念が生まれました。

最終日の前日、岡田淳総務の座談会で私は泣いてしまいました。最初は「こんな楽しい時間を過ごせてよかったです」と手短に済ませようと思っていましたが、母のことを考えているうちに、涙が出、口が勝手に動いていました。しゃべっていると母の気持ちが初めてよく理解出来、更に涙が流れました。そしてまわりのおばあちゃんやおじいちゃん、お友達になった宮崎さんのあたたかい雰囲気の中、私は懺悔《ざんげ》することが出来、最後に母を拝むことが出来ました。すると「ありがとうございます」という言葉を発するだけで、又涙が出てきました。こんなに言葉に力があるとは思っていませんでした。最終日、姉と共に久々に母に会い、座談会で皆さんと約束した「お母さん、今まで育てて下さりありがとうございます。心配かけてごめんなさい」と言うことが出来、仲直りすることが出来ました。

今は、私が大学を卒業し、就職するまでの後一年と半年、今回心配をかけた分も含めて、今まで育てて下さった母に感謝しながら恩返しをさせていただきたいと思っています。これから私は、国家試験を三つ受験し、就職活動をし、大学の研究をし、チェロを弾き、コンサートに出て、と考えただけでも忙し過ぎて、自分を見失ってしまうかもしれない、と不安になる時もありますが、そんな時はいつも練成会で会ったおばあちゃん方、宮崎さんが自分のまわりにいるように感じ、落ち着き、不安を吹き飛ばしてくれます。今はどんなに忙しくても幸せです。それもこれも長寿ホーム練成会に参加したお蔭と感謝しております。

苦悩から歓喜へ

長崎　後藤富善（44歳）

朱塗りの大鳥居

熊本から長崎へ、車で一路ひた走る。西海橋《さいかいばし》を渡り、大村湾を左手に眺めながら国道二百六号線を西彼町《せいひちょう》へ向けて車で二十分を過ぎる頃、右手に朱塗りの大鳥居が突如出現する。扁額《へんがく》には「鎮護国家住吉本宮」と記されている。「生長の家総本山」である、平成元年にここを初めてくぐった時、私はその天を突くばかりの大きさに驚いた。それと共に心の奥底から。ここで癒される！という期待を伴った安堵感が涙と共にこみ上げて来た。この時、私の信仰一途の幕が開いた。

しかし、始まりは悲惨だった。生長の家との出会いは、昭和五十五年に遡る。

わが家は地獄⁉

〝まさか！〟

〝まともじゃない！〟

〝そんなこと有る訳が無い！〟

〝馬鹿じゃなかろか？〟

「人間は神の子である」この言葉を生まれて初めて目にした時、私は即座に否定した。

〝人間は神の子だとすれば、自分の父と母は神様か？〟

〝違う！〟

〝有り得ない！〟

毎晩のように酒を飲んでは怒鳴りまくり、時には暴力を振るう父。それに抵抗する様に、泣き叫び、父を馬鹿にし、罵《ののし》る母。茶碗が飛び、テーブルはひっくり返り、母や幼い私の頬《ほお》には平手打ちが飛んだ。夫婦喧嘩の最中、私はいつも泣いた。〝ここは地獄だ‼〟子供心にそう思っていた。そんな両親が神であるはずがない。喧嘩をするくらいなら、最初っから結婚などしなければ良かったのだ。全く尊敬に値しない存在だった。

だから、その時せっかく手にした普及誌も、ゴミ箱の中に消えていった。ただ、その言葉に対し疑問と反感の念があまりにも強かったため、「人間神の子」という言葉と、「生長の家」の名前だけは、心の隅に確かに残った。二十二歳の時だった。

いつの頃から、父と母が嫌いになったのかは覚えていない。顔を見るのも話をするのも嫌だった。この両親によって生まれた事が、悔しかった。生まれてきたこの自分が、ひどくちっぽけでつまらない存在に思えた。

「なぜ僕を生んだ!?」

「孤児《みなしご》の方が良かった」

この言葉を口にすると、母はとても悲しそうな顔をした。親の困る顔を見ては、〝ざまぁ見ろ〟という心境だった。家庭の中では我儘《わがまま》のし放題だった。大嫌いな父と母に対し憎《にく》まれ口ばかりを叩いていた。が、表面《おもてづら》は良い子ぶっていたため近所の評判は悪くなかった。そういう狡《ずる》い自分をまた、心のどこかで蔑《さげす》んでいた。子供ながら、世間体を気にしつつ、学校へは毎日通っていた。学校の中では、引っ込み思案でことさら臆病《おくびょう》な自分だった為に、下級生にさえ虐《いじ》められていた。人と楽しく交わる事が出来なかった。

〃こんな辛《つら》い毎日なら、生きていたくない〃。ますます世の中が嫌になり、〃死にたい〃と願う日々が続いた。

宴会つぶしの後藤

年を経るに従って、

〃このままではいけない！　自分を変えなくては人生楽しくない！〃と思い始めた。書店に行くたびに、〃潜在能力開発〃に関する内容の本を片っ端から購入し、読みあさった。それらの本には、「潜在能力は人間の能力の九十五％を占め、それを開発することで、夢を実現することが可能である」と書いてあり、その言葉に惹《ひ》き付けられた。

〃俺には、隠れた能力がある！〃〃眠れる能力を生かせたらすごいぞ！〃

私は空想の世界に逃げ込んだ。そして根拠のない妄想にふけった。

自分としては、早く社会へ出て良い給料をもらい、両親の居ないところで自由に暮らしたかった。社会に出る事に焦《あせ》っていた。社会へ出れば、状況は良くなると信じたかった。

だが実際に会社に入ってみると、周囲の顔ぶれが変わっただけで、人生は少しも楽しくならなかった。職場の楽しい雰囲気に、吐き気がする程の嫌悪感《けんおかん》すら感じる時すらあった。特に酒の席は大嫌いだった。そんな思いと裏腹に、社会に出ると必然的に酒席の機会は増えた。〝父の酒乱が原因で、家庭はめちゃめちゃになったのだ〟〝俺は父のようにはならない！〟〝酒は一滴たりとも飲まない！〟この決意で、宴会の席では酒を断り続けた。それも、穏やかにやれば良いものをわざとムキになって、喧嘩腰で、真《ま》っ向《こう》から断っていた。当然、会話にも加わる気はなかったし、楽しい宴会の雰囲気が壊れようが知った事ではなかった。むしろ、尻すぼみになってでも終わってくれた方が気が楽だった。自分さえ良ければ良かった。「宴会つぶしの後藤」と言うレッテルが貼られたのも当然の成り行きで、自縄自縛《じじょうじばく》そのものだった。〝どうして俺は駄目なんだ⁉〟と、自分を卑下《ひげ》する反面、〝こんな会社は、俺には合わない！　もっと違う道があるはずだ！〟とも思った。自ら墓穴《ぼけつ》を掘っている事には目を向けず、周囲に責任転嫁をしていた。

潜在能力開発セミナー

社会へ出て、二年数ヵ月が過ぎた頃、高校時代の数少ない友人から一本の電話が入った。

「後藤。お前成功したくないか?」

「たった一回しかない人生を、自分の思い通りに生きないか?」

まさに渡りに船とはこのこと、私はすぐに興味を持ち、飛びついた。何も怪しまなかった訳ではない。多少の疑問や不信感はあった。しかし、嫌な状況から逃れるチャンスへの期待感の方が大きかっただけなのだ。友人が紹介したのは、『潜在能力開発セミナー』への参加だった。かなり以前から、その手の言葉に親近感を持っていた私は、いよいよ期待した。参加費用は法外に高かったが、それはこれからの〝成功者の人生〟へのステップだと思えば納得がいった。あの手この手で借金を重ねて、料金を支払い参加した。だが、紹介した友人は、参加しなかった。

「俺は成功者になる」

私は、他の友達に自慢げに吹聴《ふいちょう》した。

「お前は騙《だま》されている」

話をした相手は、ますます私から遠ざかった。ただでさえ少ない友人知人は確実に減っていった。

セミナーを受けても状況は少しも良くならず、逆に経済的にはかなり厳しくなっていた。私は逃げる様に会社を辞めた。両親には内緒だった。しかし、すぐにばれて今度は両親から逃げるために、胡散臭《うさんくさ》い知人を頼って長崎へ行った。セミナーの後遺症だろうか、覚えたばかりのプラス思考で自分の逆境をひたすら美化した。〝これが俺のサクセスストーリーだ〟などと、どん底の環境で明るい未来を夢に描いていた。

苦悩から歓喜へ

にっちもさっちもいかなくなった頃、食費だけでも確保するために仕事を見つけた。それはミシンのセールスだった。やけくそで始めたが、そんな動機で売れるほど世間は優《やさ》しくなかった。会社での成績は、常に最下位をキープしていた。そんなある日、軒並

み訪問をしていた時にある家の奥さんから、

「読んで下さい」

と、一冊の小さな本を手渡された。「白鳩」と書いてあった。「生長の家」という宗教団体が出している本だという説明だった。その笑顔の印象的な奥さんは、こうも言った。

「宗教は本質的には、どこも素晴らしいんですよ」

それで、もう信用できなくなった。

〝他も宣伝したら、信者が集まらないではないか〟

言葉に出しては言わなかったが、全く呆《あき》れてしまった。とりあえず、貰って帰って読み始めた。読んでみて更に馬鹿馬鹿しいと思った。それが冒頭の感想である。

時は経ち、その日の出会いの事も忘れ去った。毎日、七転八倒の苦しみが続く。高収入につられて仕事は三つ、四つと変わっていった。全て営業である。その間も、懲《こ》りずに潜在能力関連、自己啓発関連の似た様なセミナーや、研修会へは費用を捻出して参加していた。いずれも高額だったが、それに見合う内容は無かった。

とうとう食費にも事欠いた。それで食べるに困らないという理由だけで、仕方なく熊本に帰った。家にいる時間は極力少なくし、好きでもない仕事に飛び出した。嫌いな親元での暮らしは針のムシロだった。家庭も仕事も不満に満ち、胸を掻きむしりたくなるほどの、ジレンマと焦燥感《しょうそうかん》が自分を襲った。

〝俺の人生は後悔の連続なのか？〟

〝この苦しみから逃れる事など、もう出来ないのか？〟

〝いや、違うはず！　必ず良くなるはずだ！〟

〝しかし、ますます悪くなる様に思える……〟

〝今日も売れないし……〟

その日は仕事先の病院のロビーにいた。相も変わらず営業成績は落ち込んでいた。私は為《な》す術《すべ》もなく頭を抱えていた。昭和六十三年九月の事だった。三十歳になっていた。仕事は羽毛布団のセールスをやっていた。苦渋《くじゅう》に満ちた顔を上げると、ロビーの本棚に見覚えのある雑誌が置いてあるのに気付いた。虚《うつ》ろな目に「白鳩」という名前が映った。心の隅から記憶が蘇ってきた。〝ああっ！　あの「人間は神の子である」なんて書いてある変わった宗教の本だ〟懐かしさのあまり手にとって読み始めた。

「人間神の子。罪なし。病なし。迷いなし」

絶句した。全く進歩の欠片《かけら》もなく、理想論ばかりを説いている様な気がした。本棚に戻そうと思ったが、何故か手放せなかった。最初から読み直した。何度も何度も何度も何度も読み返した。片時も本から目が離せず十回以上は読んだ。突然、全身にゾクッと鳥肌が立つ様な、心臓をギュッと握られた様な感覚が私を襲った。「人間は神の子である」という言葉が、心の中で、大きく鳴り響いた。ドクンドクンと心臓の鼓動が早くなった。

〝俺は間違っていたっ!!〟

〝そうか！　人間は神の子なんだ！〟

〝これだ！　この教えで救われる！〟

今まで、不完全な自分はどうにもならないと思っていたが、本来完全円満だからこそ不完全な自分に違和感があるのだと解った。本来健康だからこそ、病が治るのだ。本来迷いがないからこそ、そこから抜け出したくなるのだ。熱い涙が溢れた。顔を上げられなかった。本を握りしめていた。

〝人間は神の子だったんだ!!〟〝既に完全円満だったんだ!!〟〝自分はこのままで救われているんだ!!〟〝そのまま有り難いのだ!!〟熱い感動が全身を包み、身震いが止まらなかった。〝これからの人生をこの教えで生きよう!〟強く決意した。もう迷いはなかった。全身全霊この生長の家の真理に浸《ひた》りきって、人生を歩めば必ず運命は明るく開けると確信した。早速、その普及誌の裏に載っていた世界聖典普及協会に電話を入れ、「光の泉」「白鳩」「理想世界」「理想世界ジュニア版」の四誌を年間購読で申し込んだ。真理の言葉を一字でも多く吸収したかった。毎日毎日むさぼる様に読んだ。乾《かわ》き切った砂漠にやわらかな慈雨が染《し》み込む様に、心の中に真理が染み渡った。それは、苦悩から歓喜への転換点だった。

『生命の實相』との出会い

平成元年になっていた。片時も休まず読んでいく中で、その普及誌の中に出てくるある言葉が目につき始め、心を捉えて離れなくなった。『生命の實相』という本の書名だった。

〝今度は神様が、『生命の實相』を読めと仰《おつしや》っているんだ〟と思い、初めて教化部という所に電話をかけた。四十巻を一括注文した。また一気に読み始めた。ページを繰るのがもどかしい程だった。車中でも読んだ。信号待ちのわずかな時間にも、目を通した。ありがたくて、貴くて涙が流れて仕方がなかった。思わぬクラクションに顔を上げると、信号は青に変わっていた。次の赤信号が待ち遠しかった。涙ながらに読んでいる時ふっと横に目をやると、隣の車の運転手がじっとこっちを見ていた。前を見ると歩行者もこっちを注目していた。恥ずかしくなって再び顔を伏せた。そういう事が何度となくあった。もう周囲は関係無くなっていた。ひたすら読み続けた。

生長の家総本山龍宮住吉本宮練成会へ

その内に「練成会」という言葉が目に焼き付いた。頭の中で「練成会」という単語が、ぐるぐると回りはじめた。

〝今度は、「練成会」に参加しなさいという神様からの導きだ〟と、何も疑わず信じた。

平成元年五月。生長の家総本山に初めて足を運んだ。どうせ受けるなら、本家本元がレベルが高いだろうと思ったのが第一の理由である。しかも場所は長崎で、熊本から自家用車で行ける距離でもあったからだ。ただ、参加するに当たって一つの疑問が生じた。それは、一日の参加費用が三千円以上と記されてある、奉納金についてだった。この以上の示す意味が気になった。まさか三千円ポッキリという事は絶対にないと思った。が、しかし、生長の家という素晴らしい真理を説く宗教団体が、いかさまや詐欺まがいの行為をするはずは無いとも考えた。

あらかじめ、それなりの費用を用意して参加した。五月の休みを五日間貰えたため、五日間の参加期間を伝えると、受付嬢は言った。

「一万五千円です」

〝ほうら見ろ、やっぱり一日一万五千円するじゃないか〟

と思い、一応それなりに用意してきた事に安堵した。私は五日間の参加だから、合計七万五千円を出し始めた。

「いいえ、そんなに要りません。ちょうど一万五千円で結構です」

「私は五日間の参加だから、五日分払います」

「ええ、ですから五日分で一万五千円です」

「はぁ？　それじゃ、一日三千円丁度なんですか？」

「はい、そうです」

どうも解《げ》せない私はさらに訊《たず》ねた。

「じゃ、食事は付いてるんですか？」

「はい、付いています」

「お風呂は、入れるんですか？」

「はい……」

「お布団はちゃんとあるんですか？」

「ありますが……」

受付嬢はずっと笑顔だったが、返事には違う感情がこもっていた。

私は面喰《めんくら》ってしまった。少し寂《さび》しくなった。長崎まで延々と運転してきて、受ける費用は一日三千円。あまり期待出来そうにない、と思った。そう思うのも無理はなかった。

何せ、過去のセミナー・研修会の参加費用は最高百六十二万円、最低でも二泊三日で七万円だった。普通でも二、三十万円はかかった。呆気《あつけ》にとられつつも、とりあえず部屋に荷物を入れ、開会を待った。真理は確かに素晴らしいから、そんな馬鹿な内容ではない筈《はず》と出来るだけ良い方に考える事にした。

人生を築く揺るぎない決意

初日の受講が始まった。

〝どうせ聴くなら雑念の入らない一番前だ〟と思い、演壇の真前《まんまえ》に陣取った。不思議な事に、その会場は後ろの方から埋まっていった。初めて見る光景だった。今までの研修会は一番前から、まるで椅子取りゲームのように先を争って席を確保したものだった。聴講態度にしても、身を乗り出すように聞き入るのが普通だった。受付で躓《つまず》き、会場の雰囲気にも肩すかしを食わされて、かなり戸惑っていた。

〝一体どれほどの内容だろうか？　どうせ三千円だしな……〟

最初の講師が出てきて、予想は思い切り裏切られた。

「皆さん！　人間は神の子なんですよ。完全円満なる存在が皆さんなんです」

といきなり結論を口にした。そしてどんどん深めていく。軽いジャブを予想していた自分の顎《あご》に、カウンターパンチを喰らった感じだった。

〝おいおい、それは結論だろう？〟

〝初日からそんな事言ったら、後の講話がスカスカになるじゃないか〟

他の参加者の反応が気になり、周囲を見回すと居眠りしている人さえ居る始末なのだ。

〝練成会って一体何なんだ⁉〟と心配になった。費用はたったの一日三千円。食事から、風呂から、宿泊までＯＫ。講話はいきなり本質的。ところが参加者は、のほほんとしている。

〝これでは儲《もうか》らないだろう？〟

あくまで営業的レベルでしか考えていなかったが、逆にだからこそ本物ではないかと思い始めた。次の講話、次の講師と時間が過ぎゆく中で、心が強烈な感激に満たされていた。講話の全てが本質的で、深かった。同時に早朝行事、浄心行、先祖供養祭等の宗教行事にも感動した。参加者の顔も日増しに輝きだした。

〝本物とは、こういうものなのだろう！〟魂の深いところで満たされたものを感じた。
〝この教えは正しい！〟〝俺は、生涯をこの教えで生きる！〟〝生長の家で自分の人生を築く!!〟決意が、二度と揺るぎない堅いものになった。

三正行の実践

錬成会参加をきっかけとして、良いと言われる事はとにかく実践する様にした。神想観、聖経読誦・聖典等拝読、愛行の三正行。普及誌愛行は十部からスタートし、百部一括を始めた。何かに後押しされる様に突き進んだ。それには訳がある。二十二歳の時に、初めて生長の家を知らされたにも拘《かかわ》らず、その時は信じる事が出来ず捨ててしまった。そして三十歳になって生長の家と再会し、八年の空白期間がとてつもなく重く感じた。勿体《もったい》なかった。だから、真理の実践を、その空白の期間を埋めるべく、質、量共に増やそうと考えたのである。『生命の實相』全巻は四年間で四回読了した。

平成二年二月に、熊本教区栄える会相談役の方から素晴らしい真理の言葉の実践法を教わった。それは自己暗示法で、朝目覚めてすぐ二十回、夜眠りしな二十回唱えるというものだった。尊敬する人から聞いた事でもあり、その日から実践した。

「私は神の子完全円満。これから毎日あらゆる点で一層良くなる。必ず良くなる！」

この言葉を唱え始めた。最低三ヵ月は続ける様に、との指導だった。私は、どうせ良い言葉なら、二十回ずつとは言わず暇さえあれば唱え続けた。顔を洗っている最中も、歯を磨いている最中も、食事の最中も、歩いている時も、車を運転中も、とにかく隙間の時間がないようにした。過去の暗い人生観が顔をのぞかせる瞬間のないようにした。しかし最初は疑ってかかっていた。唱えている自分が、気違いのように見えた。情けなくもあった。〝こんな言葉で人生が変わるのだろうか？〟しかし、尊敬する人の言葉に間違いはないはず、駄目で元々。どうしても駄目だったら文句を言ってやろうとも考えた。ところが変わったのだ。三ヵ月どころか一週間で変化が起こった。まず私の表情が明るくなった。人間神の子の自覚が深まる毎に、自分の存在が嬉しくてたまらなくなったのだ。唱える前は、営業成績が営業マン七人中七位（つまりビリ）だったのが、一週間で五人抜いて月末には二位にまで上昇したのである。その一週間の数字は営業所トップの成績だった。これは凄《すご》いと思った。ある時などは、夢の中で唱えている自分を発見し、完全に身に付いたと睡眠中に感心した事もあった。

　営業成績はさらに伸びた。翌月、翌々月と売上は伸び続け、役職別で九州でトップ、全国二位にもなった。全営業所的に売り上げが伸びる中で、自分も負けてはいなかった。それまでの私からは想像出来ないレベルであった。〝俺は営業をやるために生まれた！営業こそ天職だ！〟と単純に信じ切った。

平成二年十一月十九日から聖経千巻読誦を始めた。一日最低七巻を誦《あ》げた。多い日は一日二十巻以上誦げた。頭の中で聖経が鳴り響いている様な気がした。六百巻が過ぎる頃には暗誦できるようになった。すると、車の運転中にも聖経読誦ができるようになり、ペースが上がった。つまり、祈りの言葉と聖経読誦の二段重ねである。四六時中真理漬け、真理三昧になった。周囲の全ての環境が、自分を生かしてくれているように思えてきた。

　〝人生は素晴らしい！〟

　〝この世に生まれて良かった！〟

　〝産んでくれてありがとう！〟

あれほど嫌っていた父と母が好きになれた。親孝行をしたくてたまらなくなった。夫婦喧嘩は続いていたが、それを目にしても〝仲が良いんだな〟と微笑《ほほえ》ましくさえ感じる自分があった。心境はますます高まっていった。そして何より嬉しかった事は、その年に光明実践委員を拝命したことである。

翌平成三年三月二十日に千巻を達成した。そしてその日は、長年の大きな夢であったオーストラリア旅行の出発の日だった。本社からの報賞で、営業所員全員が無料で行けた。旅行から帰ると、辞令が出ていた。三月二十日付けで課長昇格だった。更に、その年の五月の青年会全国大会では、日本武道館の壇上で四先生の御前にて体験談を発表させていただく光栄にも浴した。

その年から、熊本教区青年会委員長を拝命し、青年会活動にも邁進した。

聖経読誦は目標を一万巻突破にレベルアップして、さらに誦げ続ける毎日だった。三千巻達成時は、親孝行の一環としてのマイホームが建った。四千巻、五千巻と進む中で海外旅行にも八回連続、無料で行かせていただいた。一万巻読誦を過ぎ、目標を十万巻達成に変更した。欲しい物は手に入った。願った夢以上のものが叶《かな》っていた。

卒業

ところが不思議な事に、人生を謳歌《おうか》しているはずの自分の気持ちが少しずつ沈んで行くのを否定出来なかった。それは沈んで行くと言うより、浮ついた心が穏《おだ》やかになっていくと表現した方が良いのかもしれない。〝このまま自分は幸せなのか？　自分の夢が叶えば問題ないのか？〟と自問自答していた。そう考え始めると、営業という仕事が心の底から楽しめなくなってきた。営業は自分の天職であるとさえ思っていた自分なのに、心が微妙に変わり始めた。

そんな時期に、ある生長の家本部講師から質問された。

「後藤さん。あなたは生長の家から沢山のお蔭を頂いているね」

「はい！　体験の連続です！」

「素晴らしいね」

「有り難いばかりです。この御教えに出会えて良かったです」

「そう。で、あなたは生長の家に何か恩返しをした？」

「……はっ？……恩返し……」

〝青年会活動を頑張ってます！〞と断言したかったが、何の迷いもなく言いきる自信はなかった。何故なら、仕事主体の日が殆どだったから。愛行も仕事の合間にやっていたから。それでも、自分なりに良くやっていると思っていた。

「あなたは、生長の家の中に自分を生かしているんじゃなく、自分の人生の中に生長の家を利用していない？」

と畳みかけた質問が来た。

「……」

「これから、どうするつもり？」

「生長の家に全身全霊を捧げます！」

とっさに出た言葉だった。予期しない決断だったが、言い直そうとは思わなかった。煮え切らない心境の原因が解った。全《まっと》うしているはずの人生は、自分本位に過ぎなかった。自分の基準だけで生きていたのだ。また自分の間違いに気付かされた。平成九年十二月の事だった。その日を境に営業活動が、とても愛《いと》おしく感じられる様になった。

それは執着の念とは違い、この仕事に就《つ》けて有難かったという感謝と、祝福の念が入り交じった気持ちだった。大好きだった仕事からの「卒業」という心境である。残った営業活動の日々の中で、全てのお客様に心の内で別れを告げた。何故か涙が浮かぶ日々だった。

翌平成十年一月二日、総本山の新春練成会中に面接を受けた。その年の、四月一日からパート職員採用となった。営業は三月十二日付で退職となった。円満退職だった。

鎮護国家出龍宮顕斎殿での神想観

平成十年三月三十一日に、聖地・総本山に足を踏み入れたとき、高鳴る胸の鼓動を禁じ得なかった。

〝いよいよ明日は、夢にまで願った人生への出発の日だ!〟

翌四月一日早朝、起床放送の鳴り始める遙《はる》か以前に飛び起き、洗面、着替えの後、カッコーワルツが聞こえるが早いか、鎮護国家《ちんごこっか》出龍宮顕斎殿《しゅつりゅうぐうけんさいでん》に向けて寮を出た。外はまだ暗かったが、心はひたすら明るく、それ以上に未来は輝いているように思えた。

平成二年八月から毎日神想観を実修してきたが、その朝、顕斎殿にて行った感激に勝るものはなかった。身が震えるほどの感動とはこの事を言うのだろう、と思った。過去数十年の歩みは、これからの人生へのプロローグに過ぎなかったとさえ思った。

その朝、祈った。

〝神様。私をご自由にお使いください〟

〝私を神様の御心のままに、お役に立たせてください〟

以前もその祈りは行っていた。しかし、総本山奉職の初日に、住吉大神様の御前にて行う祈りは、自《おの》ずと祈りの真剣味が違った。只ひたすら使命を生きることを誓わせていただいた。

その日から、研修期間三カ月が過ぎ、管理部庶務課に正式配属になった。毎日毎日がただ有難かった。生長の家総本山で仕事が出来る事が、心から嬉しくて仕方がなかった。営業畑出身でもあったため、デスクワークは苦手だと思っていたが、庶務課の仕事を覚えて行くに従って、なかなか楽しいものだと解った。素晴らしい上司、先輩たちに恵まれて月日は過ぎていった。その年の十二月に、本部職員見習いとなった。

何よりも有難かったのは、毎朝、起床放送と共に起き、顕斎殿で神想観が出来る事だった。ところが、知らず知らずの内に、自分の生活の中に怠惰という名の虫が巣喰っていた。時々早朝行事を欠席する日が生じた。〝自分の部屋で神想観をすれば、同じ境内地だし一緒だろ?〟と、無理矢理自分の心を納得させようとしたが、それは、〝どうせ明日も風呂に入るから、今日入らなくても一緒だろ?〟というこじつけにも似て、自己嫌悪感だけを心に残した。

〝あの決意は、初心はどこへ行ったんだ⁉〟

そんな時、岡田淳総務が仰った言葉が耳に残った。

「眠いときは誰だって眠い!　いまでも、布団から出たくない時がある」

目から鱗《うろこ》が落ちた。岡田総務でさえ、朝起きるのを苦労されている時もあるのか……。

その日から、何も考えずに起きる事にした。まず起きる!　とにかく起きる!　ゲーム感覚にも似てきた。肉体というロボットを魂という操縦士が操《あやつ》るゲームである。また、顕斎殿に行くのが楽しくなった。いつもの顔触れと出会うのが心地よかった。

すると平成十三年四月に練成部練成課に配置換えになった。それは総本山に奉職するに当たって希望していた部署であった。だが、管理部庶務課を経てここに至った事は、自分にとって大きなプラスだった。この流れを有難く感じた。〝導かれている！〟と確信した。ますます顕斎殿での早朝行事に拍車がかかった。

毎朝の顕斎殿での神想観は、常に心を初心に戻してくれる。全ての出来事が、全ての存在が、自分の魂の進歩向上にとって必要だった。私はただ、導かれるままに毎日を明るく楽しく、伸び伸びと歩んでいけば良いのだ。

谷口家奥津城にて

奥津城清掃という聖務がある。谷口雅春大聖師、谷口輝子聖姉の御霊が鎮まります谷口家奥津城にて、墓碑のお清め、献花の水換え、玉砂利の整地等をさせて頂くありがたくも尊い作務《さむ》である。

平成十四年二月のその日も、奥津城清掃に勤《いそ》しんでいた。冷たい風が肌を刺す朝だった。花の水換えを済ませると、身を切る様な水の冷たさに手は赤く凍《こご》えていた。玉砂利整地も終わり、奥津城から麓《ふもと》を見下ろした。遠く大村湾が広がっている。空の青さを映しながら、小さな波を立てていた。その海岸線に沿って、国道二百六号線が細く延びている。

〝ああ……あの日、あの道を通って来たのだ〟

十四年前、渇き切った心を抱えて熊本から車を飛ばして来たのだった。突然、熱いものが込み上げて来た。再び奥津城に向かい深々と額《ぬか》ずき、篤《あつ》い思いと感謝の真心を捧げた。

第二章　夫婦の絆

波瀾万丈も楽しい人生に

長崎　上村アリ子（50歳）

三つの劣等感

私が生長の家にふれたのは、今から二十四年ほど前になります。村の人が「読んでみないか」と言って渡された「白鳩」を読みました。その頃の私の家は、それこそ波瀾《はらんばん》万丈《じょう》であり、嫁姑の問題・夫婦の問題で大変な時でした。

私は熊本の出身で、アリ子というのは「蟻《あり》のように働き者になるように」との願いを込めておばあちゃんがつけてくれました。小学生の時、友達のお父さんに「アリさんとアリさんがゴッツンコ」と歌われてから、私の名前は変なんだ、と思い始めました。だから、思春期の頃には苗字《みようじ》は言えても名前は言いたくなかったのを覚えています。友達からは「アリちゃんアリちゃん」と何の違和感もなく呼ばれていましたが、私としては嫌《いや》な名前でした。

夫となる人と知り合ったのは、友達の従兄弟になるのですが、みんなで遊びに出かけた時でした。良く話が弾んで楽しく思いました。

その頃の私には、三つの劣等感がありました。一つ目は、ブスということ。二つ目は、頭が悪い（熊本弁では「ぼんくら」といいます）ということ。三つ目は、名前がアリ子ということ。

だから付き合っている内に〝この人、私の顔は気にならないのかしら。名前は気にならないのかしら〟と思いました。でも、付き合っている内に〝この人、ダメだ。遊び人だ〟と思いました。だから別れようと思いましたが、別れられなくなりました。兄弟にも反対されましたが、私の中に「この人には、私が付いていないとダメだ」と思うようになりました。

大喧嘩

子供が出来、二人目が出来た頃から、朝から弁当は持って仕事に行くのに、給料の明細書を見ると十五日位しか行っていません。それでも自分では「今月は、良く出ているなぁ」と言う人でした。だから家の中は火の車。お金がないので夫婦喧嘩、親子喧嘩、嫁姑の無言の喧嘩。私は何度も別れたいと思いました。家も飛び出しましたが、私には実家がありません。母は三歳の時、父は十五歳の時に亡くなっています。だから家を出ても姉の嫁ぎ先に逃げ込んでいました。二、三日はいいのですが、そんなに長くは居れず泣く泣く帰っていました。そのうち姑に「あんたば嫁にするはずじゃなかった」と言われました。私も「こんな所に嫁に来るはずじゃなかった」と言いたかったのですが、嫁としては腹に収めて耐えるしかありませんでした。

ある夜のこと、金銭のことで親子で大喧嘩をし、夫は飯台をひっくり返し、茶碗は割れ、ガラスを割って、大暴れをして出て行きました。姑は泣きながら自分の部屋に行き、私は汚れた部屋を片付けて、三人の子供と一緒に寝ていました。その部屋に姑が包丁を持って入って来ました。「さあ、あんた、おる（私）ば殺しなっせ。おら、自分では死に切れんけん、さあ、あんた、おるば殺しなっせ」と言って、包丁を私の寝ている枕元の畳に突き立てました。私はもうダメだと思い、朝起きてそのまま三人の子供を軽トラックに乗せて、このまま海に飛び込んでやる、と思って天草までスッ飛ばしました。そのまま海に飛び込むつもりだったのに、潮が引いていて飛び込むことが出来ませんでした。

子供達は砂浜で遊んでいました。悶々《もんもん》としている私の所に「お腹空いた」と言って子供が来た時は、もう夕方になっていました。死ぬつもりで居たのでお金を持っていなかったし、しかたなく義兄の家に行き三日間世話になっていましたが、姉から「今までは子供のために帰れと言っていたけど、今度は友樹（長男）の入学式があるのでそれに出られなかったら一生後悔するから、今回はあんたのために帰れ」と言われ、泣く泣く家に帰りました。長男の入学式が終わって一ヵ月位は何とか良かったのですが、私にとっては針の筵《むしろ》のような生活でした。

夫に刺される

そんな時、また大喧嘩となり、私は子供を連れていては死ぬことも生きることも出来ない、と思い、今度は私一人家を出ました。姉の家に世話になりながら、お金を貯めて、福岡辺りに仕事を探して生活していこう、と思って林業の五家荘《ごかのしょう》の下草刈りの仕事に行きました。日当《にっとう》が良かったのです。

そんなある夜、主人が姉の家に来ました。十時頃でした。「お前は、借金と子供から逃げた」と言って、持って来た風呂敷包みをパラパラと解《と》き始めました。私は「何か持って来た。怖《こわ》い！」と思いました。その時、重たくて威厳のある声で「坐れ！」と。心に響きました。私は後ろ向きになってその場に坐りました。夫は持ってきた刃物で私の左肩の後ろを斜めに刺してしまいました。

後で警察の人から聞きましたが、鋸《のこぎり》を改造して刃渡り三十センチの刃物を作り、私の左胸の後ろを十センチほど刺しました。胸幅が十八センチですから半分以上刺さっていましたが、あばら骨の間を入って、内臓は何も傷ついていなかったのが不思議でした。

谷口輝子先生の相談室

刺されて入院し、退院して一人アパートを借りた時も、何故か「白鳩」を持っていました。その頃、谷口輝子先生の相談室が載《の》っていました。私も今までの出来事を便箋《びんせん》に

七、八枚書いて「生長の家総本山内　谷口輝子先生」と出しました。そのお返事は、当時の総務、良本峯夫先生から頂き、熊本の教化部と地方講師の方を教えて頂きました。教化部に行ってみましたが、気後《きおく》れして入れませんでした。地方講師の先生にお手紙も書きました。その先生からは『生命の實相』第一巻と『四部経』が送られてきました。アパートにいる時は、テレビもなく、「白鳩」と『生命の實相』と『四部経』を読みました。「私も悪かったなぁ」という思いも出て来て、夫と一度会いましたが、嫌な噂を聞いて、もう熊本には居られない、と思い「白鳩」の住所を頼りに総本山に来ました。縁あって職員にならせていただきました。

三界唯心所現

総本山に来てから色々なことを教えていただきました。色々と反発もしました。私は「心の法則」を知りませんでした。「三界は唯心の所現」ということを知りませんでした。姑が私の枕元に包丁を突き立てて、「あんた、おる（私）がおらん方がよかっだろがな」と言われたのは、私が仕事に行かない夫をみて「家を出たら、親子五人なら、男としてちゃんと仕事に行くのではないか。親に、家に、甘えてるのではないか。だから家を出たい。お姑さんの居ない所に行きたい」という私の心の展開でした。

また、夫に刺されたのは、お酒を飲んでは子供達を叩いた、特に四歳だった長男を自分の締《し》めているバンドをムチ代わりにして叩いていた、その時「この人は自分の子供が可愛くないのだろうか。この人、人並みに赤い血が流れているのだろうか。さぞ、ドス黒い血が流れているんじゃないか。剔《えぐ》り出して見てみたい。この人を殺して私も死のう」と思ったことがあります。それはホンの一瞬のことでした。しかし、ギュッと強く握るように思いました。その私の心がそのまま現象に現れて「俺もお前と同じ赤い血が流れているよ」と私を刺したのです。

私には流産児がいます。生活が苦しいので私も仕事に行っていました。これ以上子供が出来たらもっと大変だと思い、堕《おろ》してしまいました。総本山に来てから、「生き通しのいのち」「流産児の寂《さび》しさ」「いのちの大切さ」を教えていただき、その子供達が、母親に可愛がられている兄弟にやきもち焼いて、お父さんの手を借りて叩いたことを教えていただきました。

結婚する前に「この人はダメだ」と思った通りにダメな夫がいる。すべて私の心のままに現象が現れたことを教えていただきました。知らずして犯した罪の恐ろしさを実感しました。

生長の家にふれてから「心の法則」を教えていただき、現象は自分の心のままに現れる、ということを本当に実感しました。

『生命の實相』第十七巻の九三〜九四頁に、このように説かれています。

「生長の家」の説くところ、つまりその中心思想はなんであるかと言いますと、横に広がる真理は現象界は本来空無であって唯心《ゆいしん》の所現《しょげん》であるから、心に従って自由自在に貧でも病でも富《とみ》でも健康でも不幸でも幸福でも現わすことができるということであります。それから縦を貫く真理は、人間本来神の子であり仏子《ぶっし》であり、無限の生命、無限の知恵、その他すべての善徳に充ち満たされている。それがわれわれの実相であるというのであります。さてわれわれの実相が久遠実成《くおんじつじょう》の仏であるにしても、それが現象界、すなわち現実世界にあらわれなければ、今までの仏教と同じように、仏教学者の手で高遠な理屈が述べられるだけで、宗教と生活とが一枚になったと言われないのであります。では、生活と一枚になる、すなわち、われは神の子なり、久遠実成の本仏《ほんぶつ》であるという縦の真理を横の広がりの現象世界へ持ち来すにはどうすればよいかというと、『生長の家』の誌友におなりになれば誰でも体得できるのであります。簡単に申せば、ここにも現象界は唯心の所現であるという原理を応用するのであります。現象世界は心の所現であります。

夫の最期

夫は平成七年八月に亡くなりました。前の年に娘から「父ちゃんは肝硬変だって」と聞いていました。亡くなった時は山で一人亡くなり、見つかった時は指紋でないと判別出来なかったそうです。

生長の家を知らなかったら「そら見たことか。のたれ死にして」と思ったかも知れません。私は三日三晩泣き明かしました。胸には大きな風穴《かざあな》が開《あ》いたようでした。『四部経』を裏表読んでも埋められませんでした。私は「あんたが死んだのは私のせいね。男なら何で私を見返してやるくらい頑張ってみらんかっとね」「私が今こんなに泣けるのは、私は夫を愛していたからなのか」と色々思いました。

私はお通夜に行きましたが、家の外からお参りさせていただいたのに、叔母さんに見つかり、どうしても最期の別れだから上がれ、と無理矢理に席に坐らされました。周りは親戚の人や村の人、それに同級生の人達です。本当に居づらい思いがしました。気がついたら痔になっていました。

三日目に聖経を誦げて神想観をしている時に「ああ、そうだったのか。あんたはお母さんの愛を求めていたのね」とフッと気がつきました。夫は八人兄弟の五番目で小学校五年生から中学三年生を卒業するまでの間、おじさんの家に預けられたと聞いていました。「ああ、あんたはお母さんの愛が欲しかったのね。私はお母さんのようにはなれなかったもんね」と気がついた時、スーッと光のようなものがお腹の中を通っていきました。「ああ、私のお腹の中はきれいだなぁ」と思いました。その後、痔は消えていきました。

放つ愛

総本山に来て二年が過ぎ、子供達を引き取れることになり、親子四人の生活が始まりました。道場生活は、朝は早いし夜は遅いし、なかなか子供達とうまく行きませんでした。

長女が中学三年生の時は、万引き・登校拒否・家出で私は悩みました。長男は高校に入ってから「くそばばぁ」と私を呼び、謹慎、謹慎でもう自主退学とまで学校から言われました。「苦しい家から逃れて、今度こそ楽になると思っていたのに、今度はあんた達が母ちゃんば苦しめるとや」と、本当に子供達も道連れに死んでしまおうか、と思ったこともあります。

でも、その苦しい時に「大調和の神示」の一節の《父母に感謝し得ない者は神の心にかなわぬ》という言葉が浮かんできました。「母ちゃんばこれだけ苦しめて、あんた達が幸せになるはずがなかたい」と思い、「私の亡くなった親には、私は感謝している」と思いました。でも「この子達は親である私を苦しめている。私が本当に両親に感謝していると、こんなことにはならないのではないか？　子供達なのだろうか？　私が苦しめば子供達は幸せになれない。子供達が幸せにならなければ私の幸せはないのだ」と思った時、「自分が変われば世界が変わる。親が変われば子が変わる」と気がつきました。だから「どんな状態でも、親である私は、子供の〝実相〟を信じて、愛して、感謝して、祝福して、赦さなければ」と思い、「放つ愛」を学ばせていただきました。

長女の手紙

高校を卒業した長女は、京都に就職しました。当時、長男が謹慎、謹慎で私が苦しんでいる頃で、長女は私に手紙をくれました。

手紙、遅くなってごめんね。りさは元気です。元気そうだね。本やお守りやお菓子やお米をありがとう。でもやっぱり母ちゃんや真由美の手紙が一番嬉しかった。母ちゃんの手紙に、「どうしたら喜んでもらえるか、考える事にしています」と書いてあるけど、そんな事は簡単です。友樹や真由美が嬉しくなるのは、母ちゃんが幸せやったら、これ以上の幸せはないと思う。りさは何をしとっても、やっぱり母ちゃんの悲しい顔しとるとやったら全然楽しくない。簡単やろ！　母ちゃんの幸せが、りさの幸せだったら、母ちゃん幸せやろ！　そしたら友樹も真由美も幸せになるしかないたい。母ちゃんは、自分がどうしたら幸せかを考えんね。偉そうな事言ってごめんね。あとね、一つだけ大切な大切な話書くね。りさ、母ちゃんが大好き、尊敬してる。けどね、父ちゃんも好きとよ。ごめんね。りさね、小さい頃から、大きくなったら必ず二人をまた昔みたいにもどそうって思っとった。でも、だんだん無理って事が分かってね。りさも母ちゃんの気持ち分かるし。悔《くや》しかったと思う、苦しかったとも思う。りさ達に分かってほしかことも分かる。でも何でか、父ちゃんの悪口、ばあちゃんの悪口聞いたら、母ちゃんに裏切られたような気がして許せんかった。結婚した理由もショックで、どう表現したらいいとか、表しきらん気持ちになった。ドキドキして死にそうやった。あの時、母ちゃんは、一人の人間として、女として、私に言ったと思う。でも、りさは子供よ、友樹も真由美も子供よ。イヤでも、汚らわしくても、父ちゃんと母ちゃんの子供よ。りさは、もう大人として聞ける。けど友樹は特に辛かったと思う。自分の親（父ちゃん）の悪口を、自分の親（かあちゃん）が言いよるし、言いよる理由も分かるけんど、どうしようもない。父ちゃんと母ちゃんは、男と女やったかもしれんけど、りさ達は、父ちゃんと母ちゃんやもん。けど、りさはもう卒業したい。引きずりたくない。お願いがあるの。一度でいいけん、友樹と真由美に父ちゃんの優《やさ》しかったところ言ってやって。

京都に来たのは、この手紙書くためやったとかもね。最後に、母ちゃんのお蔭でりさは神の子に気づいた。ありがとう。

長男は四年かかりましたが、無事に卒業することが出来ました。

今は三人の子供達はみんな結婚して、私には七人の孫がおります。

神は貴方に特殊の使命を与え給う

実相の世界、天国浄土は、遠くにあると思っていましたが、此処《ここ》がこのまま実相の世界、此処がこのまま地上天国極楽浄土であることに気づかせていただきました。私は、唯々子供を愛していることを素直に表現すればよいのです。『生命の實相』に説かれているように「三界は唯心の所現」だから、その唯心の所現を応用して実相世界を楽しく嬉しく心に描いておれば、現象の世界も楽しく嬉しい世界が現れてくるしかないのです。だから、私は思うのです。

「私が喜ばんば誰が喜ぶ」

私はそんな気持ちで、今、総本山で講師としても楽しく嬉しくやらせてもらっています。

今私は、通信制の高校三年生です。習字も習い始めました。心が明るくなったからか、今の私の顔は大好きです。アリ子という名前も、生長の家では「ありがとうございます」と実相を礼拝し感謝します。アリが十（とう）でアリがいっぱいです。私がいっぱいです。おばあちゃんは、生まれたばかりの私にステキな名前をつけてくれました。心から感謝しています。

谷口雅春先生の御著書『幸福を招く365章』の八〇～八一頁に、私の大好きな御言葉があります。「神は貴方に特殊の使命を与え給《たま》う」とあります。

神があなたを地上に遣《つか》わし給《たま》うたのは、この地上に於《おい》て、あなた自身でなければ出来ない特殊《とくしゅ》の使命を遂行《すいこう》せしめんがためである。あなた自身が此《こ》の特殊の位置を選んだのではないから、神が特に貴方《あなた》を選ばれたのであるから、何も貴方自身は心配することは要《い》らないのである。あなたは他の人のする事で出来ぬ事があるかも知れないが、またあなたには他の人の出来ぬことで、あなただけに出来る特殊の使命能力があるのである。「吾《われ》に神宿れり、何をか恐《おそ》れん」と唱えて何事にでも邁進《まいしん》せよ。

主人がパチンコを好きな理由

福岡　淡河恵美子（62歳）

私は主人が「何故パチンコが好きなんだろう？」と何十年も考えて参りました。主人の母が競輪で当てるというような生活をしていたらしいので、その影響で主人もパチンコが好きなんだろう、と思っておりました。また私は、主人の母としっくりいかないという面がありましたので、男としては居づらかったということも原因なのだろう、と思っておりました。

先程、座談会で稲田講師《いなだせんせい》の指導を受けたときに、「あなたに勝ちたいために御主人はパチンコをするのですよ」と言われて、本当に〝ほほー〟と思いました。そういえば思い当たることも沢山ございまして、私は結構何でも一所懸命にします。自分の仕事も、家の仕事も、子供のためにも、主人のためにも、おばあちゃんのことも、一所懸命にします。

振り返ってみますと、若い頃に私は同じ小学校に主人と勤めておりまして、学校の中でも研究授業があって、それも全く同じ日に主人と私と両方ともあるという状況になりまして、比較されるような結果になったんです。私は研究授業は大嫌いで、その上気が小さいものですから何ヵ月も前から心配するわけです。それを主人は「大丈夫ですよ」と慰め激励してくれるわけです。いよいよ研究授業の当日、私はとてもうまく行って、主人の方が逆に四苦八苦したということがあって、それが非常に主人にとってはショックだったみたいです。いつやら子供の前でそのことを「俺はお母さんの前で恥をかいたんだ」と話したことがあります。講師《せんせい》のお話を聞きながら、そういうことを主人は溜め込んできて、潜在意識にそんな思いがあってパチンコに行っていたのか、と気づきました。

主人を大事にしていたつもりでしたが、私が女らしく優《やさ》しく接してあげることが出来なくて家庭に色んな問題を巻き起こした、と反省しております。子供にも教員の悪い癖で押しつけがましくものを言っていたように思います。練成会で優《やさ》しさを現し出すことを教えていただき、大変ありがたく思っております。

妻の家出

大分　時田秀勝（33歳）
時田裕美（31歳）

【夫】大分県から来ました時田秀勝と申します。年齢は三十三歳になります。私の家族は妻三十一歳、子供は六年生の女の子と三年生の男の子と一年生の女の子がいます。私の家の方も二年前に新築しまして、まあ世間並みに幸せな家庭を築き上げてきました。

【妻】時田裕美です。夫婦で初めて参加いたしました。私達夫婦は結婚して十三年目を迎えます。傍目《はため》には人も羨《うらや》むような仲良しな夫婦なんですけど、ここに参加するまでは極端な話ですが本音で会話したこともないし、喧嘩したこともありません。お互いに傷つくことが怖かったのかも知れません。

【夫】そういう何事もなかった平和な生活の中で妻が突然に家出をしてしまったんです。

それまでの状況から言って、私は訳が分からず何なのか分からなかったんですけど、一週間後に妻は帰って来ました。まあ十三年間、苦労かけたんで、その時は許しました。ところが一週間後にまたポンと飛び出して全然消息がつかめない状況になりました。その時の妻のメッセージで、わざと目につく所に膨大な借金の明細が出てきたんです。私は妻を心から信用しておりましたから、裏切られたという気持ちと、どうして借金があるのに言ってくれなかった、という自分に対する不信感に苛《さいな》まれてどん底で、一人落ち込んでいました。まあ色々調べてみましたら、その借金というのが妻が実際に使ったお金ではなくて、妻の実家の事業のことで、義父が五年前に亡くなりまして、その義父の借金を義母が一人で払っていたんですけど、どうしても女一人の稼ぎでは間に合わなくて、妻が母に「悪いけど旦那さんには言わないで手伝ってくれないだろうか」と泣きつかれての借金だったのです。勿論私の給料には限界がありますから、サラ金などに手を出してドンドン借金が膨らんでいき、妻は母と私と借金の板挟みで精神的にも行き詰まり、家出をし、結果的に見つかったのが北海道でした。警察の手を借りて見つかったような状況でした。

【妻】この練成会に参加することになったのは、私が作った実家がらみの借金も大きな理由の一つです。結婚してから彼に本音で話せなかった私は、実家からの借金の申し入れに、「実家の恥」「彼に負担がかかる」という理由でなかなか話せませんでした。それが明るみになった時、お金のこともそうですが、夫婦の関係に疲れている私がいました。彼から気持ちが離れている自分にも気づいたし、何よりも全てに投げやりになっている自分がいました。それで私は家を飛び出しました。帰ってからずっと彼は「お金は関係ない、傍《そば》にいてくれ」と言ってくれました。私はそれも拒絶し「こんな私が彼の傍にいてはイケナイ」と思い続けていました。本当に大事なことが見えなくなっていたんだと思います。

【夫】私の落ち込みを見かねた父の今の奥さん、後妻なんですけれども、その方が以前生長の家を経験されたことがあって、やはり自分が同じような辛い思いをしたというので、妻が帰って来たらこの生長の家に「一緒に行ってみたらどうか」ということで、今回やって参りました。

【妻】私達夫婦は生長の家のことは全く知りません。姑《はは》からの強い勧《すす》めもありました。

姑《はは》は二十数年前に色んなことがあり、ここ総本山にお世話になったらしく、その時救われたことを私達を救うことでお礼が出来ると、練成会を勧めてくれました。

【夫】夫婦で練成会を受けることになりましたが、総本山に来てから毎日、講師の方々のお話やら、聖経の中の教えですね、それを聞いている内に、私は「妻が狂っているうちから、妻をどうにかしてほしい」という気持ちで来ましたが、ここで学んでいるうちに「そうじゃないんだ、妻は私の心の中の現象として、私に何か訴えているんだ」と思い始めました。この妻の行動、借金という大きな問題、これは私に対する何かメッセージではないか、私が変われば解決できるんじゃないかと思えてきて、借金のこともハッキリ言ってどうでも良くなっていて、妻の気持ちが僕の所に戻ってきてくれないか、と願うように日々の行事をこなそうと二日目に決意しました。人間どん底に落ちると悟るわけではないんですけど、ここで教えてもらえる真理と同じようなことが思えたんです。ですから、笑いの練習以外は素直に心に入ってきました。そういう中で二日目、三日目と経《た》つうち、妻は帰って来てから私に対しては笑わないし、口も利《き》かない状態で、精神的にも追いつめられていたと思うんです。しかし、練成会の仲間の人達の優しい言葉とか、あたたかい気持ちが通じて、妻も段々喋《しゃべ》るようになり、私に微笑《ほほえ》みかけるようにまでなりました。

【妻】こちらに来て、私は想像もつかない世界に戸惑い、全ての行事に反抗的でした。何でみんな拝んで「ありがとうございます」と言えるんだろう、ありがとうというのは何かしてもらった時に言う言葉だし、人とすれ違うときは、時の挨拶じゃないか、と腹も立ちました。神想観が長いことも腹が立ちました。極めつけは、食事の時の「美味しいなあ、ああ美味しい」には、馬鹿じゃないのか、と思いました。笑いの練習もそうでした。違和感を感じて慣《な》れることが出来ませんでした。でも、ここにいる人達は何もなくても笑えるので不思議でした。特に喜多講師《せんせい》の笑いには、私も主人もつられて笑いました。皆さんから「笑えるようになったね、来たときと全然かわったね」と言われて、私ってそういえば前はよく笑ったなあ、と思い出しました。T講師《せんせい》の講話の時もよく笑いました。大笑いをしているときに「ん！　これで良いんじゃないかなあ、神様がいるならお任せしよう」と思いました。講師《せんせい》から「もう大丈夫、これからきっと良くなる」と言われて、「大丈夫だな」と思えるようになりました。あとは私は笑っていればいいんだな、と思ったとき心が軽くなりましたし、自然に笑えるようにもなりました。自分のことも好きになりました。

【夫】四日目に座談会があったんですけど、妻は勿論、まだ自分の気持ちを開いていませんから、私の方から口火を切って、講師の方に今悩んでいる問題、妻には可哀想だったんですが、すべてを話しました。講師の御指導も戴《いただ》いて、その日に浄心行がありました。過去の恨《うら》みや妻に対する恨みなど徹底して書き出しました。次の日にまた座談会がありましたが、今度は妻の方から自分で言ってくれました。大きな変化でした。今はもう以前の普通の妻に戻って話も出来るようになりました。ここは神の国ですから特別な環境だと思います。どんな人でも心を開ける場所です。だから私にとって自宅に戻ってからが本当の練成会だと思っています。

【妻】この練成会に参加して私は講師《せんせい》方や参加者の皆さんからたくさん素敵なものを戴《いただ》きました。明日で終わりだと思うと本当に残念ですが、帰りたくないなって思っているのですが、こちらで得たものを大切に大切にしながら、主人と共に楽しく明るく毎日を笑って過ごしていきます。

夫の暴力

長崎　原口　裕允（30歳）
原口友加里（26歳）
中尾スミヨ（53歳）

【妻】私は、主人と子供と実家の母と四人で参加しました。きっかけは主人の暴力でした。実家の母の勧《すす》めで参加しました。練成の間は、一歳八ヵ月になる裕生《ゆうせい》が皆さんに大変可愛がられ、感謝の気持ちでいっぱいです。主人も初めての練成参加で神想観は足が辛《つら》そうでしたが、とてもよく頑張っていて感心しました。

【母】娘が結婚当初から夫の暴力や同居しております舅姑との問題があり悩んでおりました。昨年の十一月頃より暴力が酷《ひど》くなり、今年の二月には「離婚したい！」と言いだし、六月には「もう我慢出来ない。離婚する！」と荷物を纏《まと》めて帰ってきました。

【夫】私と両親は大変慌《あわ》てました。私は何度も妻の実家に通いましたが、両親も謝罪に行きました。その時に義理のお母さんが「総本山に七日間行かせて下さい」と言われ、練成会を受けることになりました。

【母】結婚した三年前、離婚すると言った一ヵ月前には、娘夫婦と孫と練成会を受けることが出来るとは夢にも思っていませんでした。今年のお正月に龍宮住吉本宮に初詣《はつもうで》に来ました時、絵馬《えま》に娘夫婦の調和と舅姑との家庭円満大調和を祈願（注・絵馬祈願は正月のみ）し、又神癒《しんゆ》祈願をしていた事を思い出し、神様は私の思いも寄らぬ大いなる仕組みで祈りを実現して下さったのだ、と思いました。行事が進むうちに、この問題は娘夫婦の問題ではなく、私と私の姑の問題なのだ、と思えてきました。

【妻】日向講師《ひなたせんせい》の二日の夜のご講話で「神想観したり『生命の實相』を読んでいるうちに、今まで美しいものを見ても無感動だった自分が、自然の景色や鳥の声にも感動出来る自分になっていた」と話されましたが、三日目の早朝行事の後、主人が朝日を見て「あ、なんだか今まで何気なく見ていた朝日が、こんなに輝いているなんて……。感動的だな。太陽を拝みたくなった」と言って二人で「ありがとうございます」と朝日を拝みました。その時、〝主人は本当に実相に目覚めたんだなぁ〟と感じて涙が出てきました。ふと見ると主人も涙を溜《た》めていました。

【夫】初めて生長の家のみ教えにふれ、自分自身もそうですが、参加者の皆さんが日に日に生き生きと変わっていくのが嬉しく思えました。練成会のすべてが楽しく、又必ず参加したいと思いました。これからは、すべてのものの実相を観《み》て、神想観、聖経読誦を実践して、夫婦仲良く頑張っていきたいと思います。

【妻】稲田講師が講話の間も無邪気に笑って遊ぶ裕生を見て、「あれこそ神の子の姿だよ。幼子《おさなご》の心で神に全托し、ただ喜べばいいんですよ」といわれ、実相につつまれた素直な自分を生きればいいんだ、と思いました。これから家庭に戻っても、主人の実相を礼拝し、自分の神性を自覚し、神想観と聖経読誦を行じていきます。

三角関係の解消

美咲達三（34歳・仮名）

五月の龍宮住吉本宮練成会参加の際には、個人指導をして頂き、本当にありがとうございました。御指導頂いた時には頭では良く理解出来たものの、気持ちの上では別れた女性のことが忘れられず、過去を引きずった状態であり、御指導を心底受け入れることが出来ずにおりましたが、ここにきてようやく理解することが出来、今後はしっかり前向きに前進することが出来るようになりつつありますので、感謝の気持ちを込めて手紙を書かせて頂きます。

五月の練成会に引き続き、長期練成員として残らせて頂き、五月十一日より二十二日までの約二週間の間、自分自身がどうすべきか、日々一所懸命に行に取り組んでおりましたが、二十二日に姉から急に連絡が入り、入院中の母が危篤《きとく》との知らせが来ました。次の日の早朝、川上忠志郎講師、中村貴之講師に伝え、急ぎこちらに戻りました。病床に横たわる母に会い、ひとときを一緒に過ごすことが出来た後、夜七時四十三分、母は静かに息を引き取りました。自分の事ではとても心配をかけていただけに、母には本当に申し訳ない気持ちでいっぱいでした。急遽、総本山の長期練成員は、このような理由により中断しました。

今思うと、総本山で長期練成員として残らせて頂いたのは、自分が現実の問題から逃げようとしていたように思うのです。出来るだけ長く総本山に置いて頂き、「妻と離婚出来る導きが得られますように」と心の隅《すみ》に自分本位の願いがおそらくあり、妻子など現実的な問題を自分から遠ざけようとしていたに過ぎなかったことに気がつきました。自分だけ真理の勉強をして、妻子や母をほったらかしの状態では、総本山がどんなにすばらしい所であっても良い答が導き出せるはずがありません。個人指導の内容は、まず妻と調和する、自分が間違っていたことを反省した上でやり直す努力をすることが大事で、別れるか続けるかは神様に全託する、というものでした。本当に遠回りをしましたが、今やっと「やり直す努力」「妻と正面から向き合う」という姿勢をとる覚悟が出来ました。

気持ちのどこかで、自分の心がしがみついていた別れた女性とその女性との間に出来た人工流産してしまった子供のことも、心から放すことが出来るようになりました。長期練成員を打ち切ることにより妻と正面から向き合う機会を与えられました。今までの一切のことを全て妻に話しました。勿論流産児のこともです。妻は泣いておりましたが、やり直したい気持ちは変わらない、と言ってくれました。別れた女性とつき合っていた頃、その人と一緒になろうと心に決心した時(昨年の八月頃)に、もう妻や子の所にはどのような結果になろうとも戻らないと心に決めておりました。絶対に離婚しかないとずっとしがみついていたわけですが、妻の気持ちが変わらないことを知り、自分もやり直す努力をするべきだと思うようになりました。

六月の飛田給の一般練成会に参加しました。妻とやり直そうという気持ちになりつつあったものの、どうしても別れた女性のことをどこかで思い出し、別れてからすでに丸五カ月も経っているというのにどうしてなんだろう、と自分でもわかりませんでした。

練成中思わず電話をしてしまったのですが、五ヵ月ぶりに聞いた声はとても元気がなく、具合が悪そうでした。人と話したくないとのことでメールで話したところ、ノイローゼ気味で自律神経失調症と診断され、ホルモン治療等のために通院しているとのことでした。頭痛やめまいも度々起こり、人と接触するのが嫌で家に閉じ籠《こ》もり気味とのことでした。自分がいつまでも彼女のことに引っかかっているから、彼女も体調が悪いというかたちで影響を受けているのではないか、と思いました。彼女からの最後の言葉は「今、私は家族とやり直す為に必死に頑張っている」というものでした。自分も本気で頑張らなければ、と飛田給で行に打ち込みました。総本山で御指導いただいたように、心より「御主人とすばらしい人生を歩んで下さい」「幸せになって下さい」と祈らせて頂きました。あらためて行じる（実相を観《み》ようと努力し、調和しようと努力する）ことを継続していくことの大切さを知らされたように思いました。

すると自分で予想しないところで、妻と子と三人で練成会を受けるチャンスが巡《めぐ》って来ました。今後、生長の家の活動をさせて頂くためには、青年会に所属することが第一段階であろう、と思われ、まず教化部の練成会に参加すべく、七月の菩薩練成会に参加しました。初めは私一人で参加する予定でしたが、妻子が教化部まで送ってくれ、ついでに教化部長先生の講話を聞いていったら、と勧めてみたところいることになりました。子供も生長の家の雰囲気が気に入ったのか、よろこんではしゃいでおりました。

一泊だけでも、と考えておりましたが、子供（二歳十ヵ月）がいるのでまさか泊まることは出来ないだろう、迷惑もかかるし、と思っていましたが、担当の人は子供達のお守《も》り係もおり全く問題ないと言われました。妻は元々生長の家の信徒ではなく、普段は何もしておりませんが行事に参加することになりました。妻はあまり真剣さは感じられなかったのですが、「実相円満誦行」の時に本人は嫌がったのですが前に出ることを勧めてみました。妻は前に出ました。私は今まで近くにいる妻に対して祈ったことがありませんでした。初めて真剣に妻に対し「実相円満完全」と大きな声で唱え祈らせていただきました。行事が終わり戻ってきた妻の目からはたくさんの涙が溢れていました。その時、何か通じるものがあったんだ、感じるものがあったんだ、練成会に来てよかったな、と思いました。

私は心から妻を思いやって一緒に練成会に行こうと誘ったことがなかったことを反省

しました。そして浄心行・先祖供養と一緒に参加し、聖経を読誦しているうちに、かつて感じたことのなかった感覚を覚えました。それは共に行じるということであり、隣に坐っている妻を思いやって祈るということでした。生長の家の教えでは、よく夫婦は自分の半身であるということを聞きますが、この言葉の意味が少し感じられたように思いました。

結局、親子三人は、最終日の最後まで残らせて頂きました。私達夫婦、親子三人はスタートしたばかりです。夫婦である以上、お互い如何に思いやり、感謝し、実相を、生命を礼拝しつづけていけるかが、重要であり意味のあることであることを学ばせて頂きました。

総本山でこのようになる大きなきっかけを頂くことが出来たことを心より感謝しています。

第三章　病が消えた

縦隔腫瘍が消えた

長崎　山口義行（64歳）
解説・総本山練成部

私は、諫早《いさはや》市内の某自動車学校の教頭職を最後に停年を迎え、現在は同市の某公社の嘱託員として勤務しており、年一度あります職場の健康診断内容は、担当医師も驚嘆するほどの素晴らしく若々しいものでした。そこで例年の事ながら今年も十一月に健康診断が実施され、その結果を見て、自分の眼を疑う程全身に不安が広がりました。病名は「良性の縦隔腫瘍《じゆうかくしゆよう》」、つまり左肺上部に水が溜まっていることが胸部レントゲン検査で判明しました。その足で諫早総合病院に於いて、ＩＣ検査、造影剤を注射しての心臓の精密検査、再度の胸部レントゲン、血液検査等一日がかりでの精密検査の結果、胸部肺および心臓には全く異常はなく、ただ水が溜まっているだけの事で、それから、その水を注射器にて抜き取り検査をしていただく事になり、その結果発表が十二月十八日でした。

そこで永年「生長の家」のみ教えによって生かされている「生みの親」に相談したところ、幸いな事に十二月十六日からの「長寿ホーム練成会」があり、初めて親子一緒の参加を決めたのでした。

参加してみて、「病を恐るるなかれ、吾は神の子である」という真理が乾いた砂に水を注ぐが如く、全身に神の生命が流れ込むのが肌に感じられ、落ちる涙を止める事が出来ませんでした。と同時に母に対して心より感謝いたしました。それからは、練成会の朝目覚める毎に、脱皮するが如く自分が変化していく事を感じておりました。

やがて十二月十八日の検査結果の発表の日が来ました。


その日の朝の行事に輪読座談会があり、その日は私が指導講師に当たっていた。参加者と講師が車座になって普及誌を輪読し話し合うこの行事は、様々な人生問題が出されるが、私にとって真剣勝負の時であり、最大の勉強の場でもある。生長の家の知識や理論だけが問われるのではない。人生全般、あらゆる方面から生長の家の講師としての人間そのものが問われるといっていいだろう。実にエキサイティングな行事である。

これから病院に行くという山口義行さんに私は聞いた。

「病院に行くって、どんな病気なのですか？」

「縦隔腫瘍です」

「縦隔腫瘍って、どんな病気ですか？」

「肺の上部に水が溜まっているのです」

「肺は、右ですか？　左ですか？」

「左肺上部です」

「左は火足《ひだ》りといって男性原理や公的の陽を表し、右は水極《みぎ》といって女性原理や私的の陰を表します。女性が左の乳癌だったりすると、大体父親に感謝していないことがあったりします。山口さんは、左の肺に水を溜《た》めていますが、水は悲しみの象徴でもあり、左は父親を表しますから、父親の悲しみを汲《く》み取っていないことがありませんか？」

「それは、実の父のことですか？　育ての父のことですか？」

「それは又どういうことですか？」

「私は実の父の兄の所に養子として誕生間もなく貰われて行きました」

「ちょっと待って下さい。それは重大ですよ。宇治別格本山にまだ私が居た時の話ですが、楠本加美野講師《せんせい》の部屋へ何かの用事で行った時、楠本講師《せんせい》が白いハンカチで涙を拭《ぬぐ》っておられました。お聞きしますと、ある女性が結婚するはずだった人との間に子供が出来、相手の人に相談すると〃今は結婚できない、堕ろせ〃という。親にも相談したが〃堕ろせ〃という。彼女はある地方講師の勧めで宇治で産む決意をしました。すると〃養子にほしい〃という人が現れました。その夫婦は本当にすばらしい人で安心して子供をもらってもらえる、と喜びました。そして可愛い赤ちゃんが産まれました。


今日は里親が迎えに来る日で、産院の院長から電話があり、〃今、赤ちゃんを迎えに来られて三人で嬉しそうに帰られました〃と。ところが院長は昨夜の出来事を教えてくれた。〃昨夜、彼女のところに行ってみますと涙をためているのですよ。彼女からもお話は伺っておりましたし、今日もお会いして、人格的にも申し分ないすばらしい方ですが、やはり自分で産んだ子、別れるのは辛く、せつなく、やるせない思いがあるのですね〟と言われた。それで楠本講師はすべて丸く治まったと思っていたのに、そこまでの思いに到らなかった、と涙を流しておられたのです。子供と別れなければならない母親の気持ちってどんなでしょうね。父親だって同じことでしょう」

山口さんと一緒に参加していた八十八歳の実の母親が口を開いた。

「主人は、この子が兄のところに行った夜、信じられないほどの泥酔《でいすい》状態になりました」

「それですよ。悲しい、せつない、やるせない、本当に親子が別れるというのは、生木《なまき》を裂《さ》くような思いがあるのではないでしょうか。その念ですよ。それが水になって表れている。その父親の思いを分かってあげることが大切です」

「父はもう亡くなっています」

「霊界も現象界ですから、念の集積した世界ですからね。このように理解されたらいいと思いますが、現実に私達が悲しかったり苦しかったりした時に、本当に信頼出来る人にその悲しみや苦しみを話すとします。信頼出来るその人は、黙って聞いてくれてポロッと涙を流したとします。その時私達は〝ああ、私の気持ちを分かってもらえた〟と思えると、悲しみや苦しみが軽減していく感じがあるでしょう。あの感覚だと理解されたらいいと思います。念を抜く、という言葉が適当かどうか分かりませんが……。それから、念の集積が業《ごう》ですから、業が流転《るてん》している可能性もあります」

「業の流転……」

「心理学では追体験《ついたいけん》と言いますが、仏教では業の流転といいます。山口さんの父親の悲しみを山口さんが分かってあげないと山口さんが父親の悲しみを追体験するということになります。勿論、生長の家の信仰で業の流転を止めることは簡単ですが……」

「実は、長男がある日突然〝神官になる〟と言って、岐阜の神社の一人娘さんのところに婿《むこ》養子に行きました」

「やはりそうですか。とにかくお父さんの当時の気持ちを分かってあげましょう」

「時間がありません。すいませんが病院に行きます。生長の家の信仰で業の流転を止める、ということを是非あとで教えて下さい」

山口さんが去ったあとも、関連した話題で座談会は終始した。

練成会場を後にして病院へ向かう車の中で、頭に浮かんで離れないことがありました。それは私の生い立ちの事でした。私は父の兄の所に養子として誕生間もなく貰われて行ったのでした。その時の両親の悲しみ、淋しさ、とりわけ父の姿は言葉にならない程の泥酔《でいすい》をした、と母から聞いた記憶が突然鮮明に甦《よみがえ》ってきました。と思わず「お父さん、ありがとう!」という言葉が出ました。車を運転している事も忘れ、声は段々大きくなり絶叫《ぜっきょう》となって延々と続き、両眼より涙が滝の如く流れました。

〝お父さん、さぞや悲しかった事でしょうね、ごめんなさい〟

そのうち、涙で前が見えなくなり、道路脇に車を止めた程でした。

またふと或る事が頭に浮かんできました。それは、私の長男の事です。長男は、或る日突然「神官になる」と言い出し、岐阜の神社に婿《むこ》養子に行ってしまい、私としては子供のためと思い、いとも簡単に了承しましたが、子供は内心余所《よそ》に離れてさぞや淋しい想いをしていたかも知れない。

〝ごめんね、お父さんを許してね〟

父と長男の二つの事が交叉《こうさ》して私の顔はクシャクシャでした。

病院へ行き、再検査の結果「水」は完全に消えていました。練成会半ばにして、この奇蹟です。「病を恐るるなかれ、吾は神の子である」との実体験が自信となり、私は完全に神の子としての自覚に歓喜しております。これからは「人類光明化運動」に邁進いたしたく、ここに決意を新たにしております。

家族の絆と信仰心が深くなりました

～乳癌と肺癌が快癒～

福岡　小田美代子（50歳）

私は、平成十三年五月二十一日に乳癌の宣告を受けました。

私はもともと生長の家の教えを受けていましたので、何とか乳癌を消したいと思い、藁《わら》をもつかむ思いで六月一日からの総本山の一般練成会と献労練成会を受けました。総本山での練成会は、先生方のすばらしい御指導により、本当に充実した日々でした。神様にいだかれたような気持ちで、平穏な十日間を過ごす事が出来ました。そして、確かな手応《てごた》えを感じて帰る事が出来ました。

しかしながら、その後の病院での検査結果は、残念ながら癌は消えていませんでした。その上、肺の方にも変な影があり、転移している可能性があるとの事でした。（この件は、乳癌検査の際に判ったらしく、家族にはすでに話していたようですが、私には内緒にしていました）出来るだけ早く入院し手術しなくてはいけないという事になり、乳癌の方は左乳房の全摘手術ということで、肺の方も同時に手術をするという段取りになりました。私も覚悟を決めて入院の準備と心の整理をしていました。

いよいよ後二日で入院という時、親しい友人から電話があり、手術の技術が九州でも一、二を争う医師を紹介するから、是非そちらの方でも見てもらったらどうかという事でした。すでに今までの病院に入院手術の段取りが決定していたので、今さら病院を変わるのは無理だと思いましたが、あまりにも熱心に勧《すす》めるので、迷いましたがやむなく、新しい病院で診察してもらう事にしました。

新しい病院での診察も乳癌という診断でした。しかし、癌が思ったより小さくておとなしいという事で、もし癌細胞がほかに散らばってなければ、乳房を全摘しないで、形を温存する方法で手術できるかもしれないとの事でした。前の病院では絶対全摘の方法しかないと言われていましたけど、温存の可能性が少しでもあると聞き、病院を移って良かったと思いました。入院して五日目の七月五日に乳癌の手術を行いましたが、この五日間は本当に不思議な位落ち着いた気持ちで過ごす事ができました。手術に関しても全く恐怖心がありませんでした。

手術の結果は、発見された癌細胞以外には全く転移していなかったので、外形温存の形で手術が出来ました。（この病院には、乳癌で入院している患者さんが五十人位いましたが、この一ヵ月間で手術を受けた中で温存できた人は、私を入れて三人しかいませんでした）術後の快復ぐあいも順調で予定よりも十日早い二十日間で退院できました。

しかし、肺の方の疑いも残っていて、体力が快復したら手術をするという事でしたけれど、もうそちらの方は何故か心配になりませんでした。（何故か私の心の中に良性だろうという確信めいたものがありました）

そして九月十四日に肺の手術をしましたが、予想通りこれも良性でしたので一週間で退院できました。

今思うと乳癌そのものは消えなかったけど、総本山の練成会を受けたおかげで最初の病院の入院手術を伸ばした為に病院を移るチャンスが出来、外形温存をする事ができました。又、それ以外にも家族の絆が強くなり、さらに生長の家の信仰心も深く強くなりました。最悪の病気になりましたが、結果的にはそれ以上のものを得たような気がします。傷跡はまだ少し痛みますが、心の方は極めて健康です。

総本山の皆様、誌友の皆様、病院の医師、看護婦さん、家族の皆に心から感謝しています。主人と娘と私と家族四人で平成十四年の新春練成会に感謝の思いを持って参加しました。

アルコール依存症を克服

福岡　吉竹伸二（51歳）

黄疸が出た

私はアルコール依存症ということでおふくろに連れて来られました。何回か練成会には参加していましたので雰囲気はわかっていましたが、今回のようにあたたかい雰囲気の練成会はなかったと思います。

薬は飲まんで練成会を受けようと思って六月一日からやめていました。一番心配なのは、低血糖といいまして糖値が下がって昏睡《こんすい》状態になったことが何回かあったことでした。血糖値をはかる機械を持って来ていますから、それで一応はかりながら様子を見よったんです。薬をやめて三日目くらいから薬が効かないようになってくるというのは、薬剤師さんから聞いていましたから、何かあるやろう、と思ったら黄疸《おうだん》が出て来ました。

黄疸の時は、よっぽど薬飲もうかなぁと思ったけど、まあ自分も教えを乞うて一所懸命お話聞いて、この雰囲気に慣れていけばいいということで放っておきました。六月五日までは黄疸が出ていましたが、六日には綺麗に消えてしもたんですよ。

飲み屋で喧嘩

私が練成会に参加したのは、糖尿病と肝臓病で二ヵ月入院し、退院の日、友達と酒を飲み廻って、完全な泥酔《でいすい》状態になり、飲み屋で喧嘩《けんか》してパトカーまで出動し迷惑をかけるような事件を起こしたんです。そしたら兄弟が心配して「もう精神病院に入れろ」という話にまでなってしまって、おふくろが医者と相談して、精神病院に行くか、総本山に行くか、と迫られました。精神病院はいやですからね。まあ、それで総本山に来たわけです。

輪読座談会

二日の「輪読座談会」の時、乳癌になられた奥さん(注・前出の小田美代子さんのこと）が話されました。〝右か左か〟と聞かれた講師は、〝左〟との奥さんに「ああ、お父さんですね。感謝出来ないことがあるのですか？」と言われました。その方の両親は離婚をされ、幼い頃だったので父親を覚えていない、と言います。

ふと私自身のことが浮かんできました。私は、妻と五人の子供をおいてある女性と四年間も同棲していました。父からは勘当《かんどう》同然の扱いです。乳癌になられた奥さんに徹底的に話される講師の言葉の一言ひとことに涙が流れて止まらんのです。男らしくない、泣くまい、とすればするほど涙がドンドン出て来るんです。自分の今までの罪が、もう走馬燈《そうまとう》のようにめぐりめぐって来たんです。乳癌の奥さんのお父さんも、淋しかっただろうなぁ、切なかっただろうなぁ、やるせなかっただろうなぁ、俺と同じかも知れない。しかし、乳癌の奥さんは今、苦しんでいる。妻と子供達と重なってきて泣けて泣けて仕方がありませんでした。

〝申し訳なかったなぁ、悪かったなぁ〟

と涙とともに懺悔《ざんげ》の思いが溢れました。

浄まった

座談会が終わってトイレに行っても涙が止まりません。考えてみると一時間も涙を流しているんです。その後は、スッキリと爽《さわ》やかな気持ちになり、講師の方がよく〝浄《きよ》まる〟と言われますが、本当に浄まったんだなぁ、と思います。

一般練成会につづいて献労練成会に参加し、ここでも汗とともに心の中のモヤモヤが消えたように思いました。献労練成会が終了して、四日目のことです。後頭部から三日つづけて膿《うみ》が出ました。不安に思った時もありましたが、講師が言われていた「いらないものが出て浄まっていく」と念じました。三日目にピタッと止まって、心身ともにスッキリしました。

アルコール依存症は、完全に克服することが出来ました。

肝臓病癒ゆ

千葉　森　繁久（34歳）
解説・古賀泰孝

こちらに来たのは肝臓のことで入院してる時に、うちの兄が昔から生長の家をやっていまして、『続々甘露の法雨』をわざわざ名古屋から千葉まで持って来ました。入院しているので時間はいらんほどあるという事で、たまたま手を伸ばしたのが『続々甘露の法雨』で、読んでいる間に色々と前に練成会に行ったことを思い出して、肝臓がもう半年とか一年とかかかると言うんで、そんなに入院してもいられないし、とにかく健康な体になりたい、ということで参加を決めて、来たというのが動機なんです。

森さんは肝臓が腫《は》れていました。会社の旅行での宴会で酒を飲んだ時、血を吐いて緊急入院しました。三週間後に仮退院し、また酒を飲んでしまい、ただでさえ腫れている肝臓がよけいに腫れてしまい、再び吐血しました。

寝込んでいた森さんを奥さんは無理矢理車に乗せ、千葉からここ長崎の総本山まで運転して来られました。森さんは、身体が怠《だる》くて苦しくてたまりません。その上、車の中でもまた吐血です。

「ここで死んだら妻を恨んでやる！」

とまで思ったそうです。

肝臓病のことについてですが、肝臓のことをLIVERといい、その言葉はLIVE（生活する）からきており、喜んで生活していないと肝臓を悪くする、と谷口雅春先生が御講話で言われたことがあります。肝臓はお酒を飲んで悪くする、と思っていましたが、よく考えてみますとストレスが溜まったりしてお酒を飲みますが、生活が楽しくないから憂《う》さ晴らしに飲み、飲み過ぎて肝臓を悪くします。因・縁・果で考えると、原因が喜べない生活、縁がお酒、結果が肝臓病ということになります。

森さんのお兄さんは、名古屋の森藤技研工業という会社の社長であり、彼は東京営業所の所長です。若き所長で仕事上のストレスが溜まったのが原因と森さん自身から聞きました。

こちらに最初来たときは本当にもう倒れそうで、玄関に入るときにも倒れる寸前というか、苦しくて、〝これは部屋で寝ているだけかな〟と思いました。けれども、家内が一緒に来ていまして、家内の方が、

「講話を聴《き》きに行こうよ、坐っているだけだから大丈夫だよ」

と言うので講堂について行きました。

講話を聴いている間に、だんだん苦しさがなくなりまして、〝これは何かあるんじゃないかな、いい方向に行くんじゃないかな〟と思いまして、〝これから本当にちょっと気合いを入れてやろうかな〟と思いました。食欲もまったくなかったのに、不思議なことに少しづつですが食べられるようになりました。

奥さんの愛と信仰にふれなければなりません。自ら車を運転して千葉から長崎の総本山まで御主人を連れて来る、来たら来たで講話を聴きに行こうと講堂に誘う。その愛の奥には、不動の信仰が感じられます。

生長の家総裁谷口清超先生は、御著書『人生の断想』に次のように書かれています。

《「生長の家」は単なる処世術や修養法ではない。「神の子」の実相のみ独在することへの強烈な信仰である。それは烈々たるものだ。人生の怠惰や逡巡《しゅんじゅん》を焼きつくす「炎」である。この信仰の炎を燃え立たすとき、いかなる現象悪も、たちどころに消える。現象はナイのであるから、どんなにでも変化する。》（二二九〜二三〇頁）

一番自分で本当にびっくりしたのは献労で、仮退院するときにも「体を絶対に安静にしておけ」ということを医者から言われまして、「通勤にもなるべく車を使った方がいい。会社は休めるならば休むように」ということで、そういうきつい事を言われましたので〝これは献労をやったらちょっとヤバイんじゃないか〟と思いました。家内もさすがに「献労は部屋で休んでいたら」といっていましたが、講話を聴くだけで身体の怠《だる》さや苦しさがとれるのだったら、献労をやればもっとすばらしくなる、と信じて献労に出ました。

当日、本当に暑かったんですけど、頑張ってやっている間にだんだんだんだん体が動くようになりまして、汗も出てくるようになりました。〝普通だったらこれで倒れるんじゃないかな〟と本当は思ってたんですけど、途中から〝これだったら大丈夫かな、何とか途中の休憩まで頑張ろう〟と思いました。

休憩時間にお茶を飲んだとき、何かこのお茶が、自分の昔飲んでいたどんなに高級なアルコールよりも美味しく思いました。それからまた元気が出まして、夕飯の時には、ご飯を二杯も食べられるようになりました。

不安や心配や苦しみから心を解き放とう、と焦《あせ》っても、思えば思うほどそれらは増大します。「類を以って集まる」法則が働くからです。それは「苦悩が苦悩を呼び、心配が心配を招く」からです。

谷口清超先生は、前出の『人生の断想』にこのように書かれています。

《吾々が肉体を無視している時は、何もしないでポカンとしている時ではなく、むしろ積極的に何事かに熱中している時であろう。放心状態になることによって、苦悩を忘れようとしてもそれは不可能である。むしろ進んで、たのしい事、素晴しい事を思うのだ。「苦悩」を去るには、「愉快」をもってこなければならない。それはあたかも、「闇」を消すには「光」をもってこなければならないようなものである。》（一五六頁）

二日、三日と経《た》つにつれて、身体の怠《だる》さ、苦しさもとれていき、今では何だかお酒を飲まなかった頃の身体《からだ》に戻った感じです。これから会社に戻り、練成会でのことを肝に銘じていきたいと思っています。そして家内とも話したのですが、半年に一回でも練成会に参加して、この思いを忘れないようにしていきます。

これまでに二回練成会に参加してるんですけど、今まで中途半端で「会社から行って来いよ」とか、母親から「行って来い」と言われて練成会を受けたんですけど、本当に殆《ほとん》ど中途半端だったんです。しかし今回、自分がこういう体になったから真剣にやれたと思って、肝臓の方にも感謝していると同時に、連れて来てくれた家内と兄や母にも本当に感謝の気持ちで一杯です。帰る途中に実家に寄り、第一に母と兄に感謝の気持ちで挨拶するつもりです。

胸の痛みが嘘のように

奈良　原　昌子（64歳）

団体参拝練成会に参加する二日前に誌友会を開きました。篭谷きみえ講師の御指導で楽しい真理のお話を聞き、その中で相談をしたのです。

「私の主人はお酒を飲むとあとで〝首が痛い、苦しい〟といっております。アルコールは強い方ですが体はいたって健康で、あくる日は何もなかったようにお仕事に行って下さいます」

と講師に話しますと、

「ご主人の両親ですね。何か大きな心配事をかかえて霊界に行かれたのではありませんか？」

とお答え下さいました。

主人は五人兄弟で次男ですが、三男の弟が母の死後（平成三年）、平成四年二月から行方不明となっております。弟はとてもやさしく、仕事も出来るのですが、何故かお金遣いが荒く、何度もサラ金で大きなお金を借り、父母は勿論のこと、兄弟にも大きな後始末をさせる人でした。母の生前は母が必死で守ったのですが、死後は、私達にもそれぞれ生活があり、次第に弟をけむたく感じてしまいました。平成四年二月に長く家を空けていましたが、また何処かに行っているものと思っていましたが、今日まで十年間、音信はありません。

私は生長の家に平成四年五月にご縁をいただき、数え切れぬおかげをいただいております。弟のために、先祖供養、流産児供養を松井八重子講師のもとでさせていただいております。聖使命会にも入り、生存永代供養もさせてもらいました。篭谷講師は、

「弟さんの生死はどうあろうと生命は生き通し、毎日弟さんの名前を呼んで聖経を誦《あ》げてあげなさい」

とご指導下さいました。

二月十四日夜から何度も名前を呼んで聖経を誦げました。突然、左胸にナイフで刺されるような痛みが始まりました。団体参拝練成会の出発は十六日です。

しかし、私は総本山に行けば痛みは必ず消えると思いました。

荷物も持てない痛みでお仲間に助けられて総本山にまいりました。痛みは止まらず寝返りもうてない状態でした。

浄心行の時、私は〝何も浄心することはないのになぁ〟と思っていましたが、〝弟さんは腹の立つことがいっぱいあったろうなぁ〟と思いました。心の中で〝あなたの腹立ちを私を通して書いて下さい〟と祈りました。ペンは動きました。

「お姉さんのバカヤロー！　薄情者。助けてくれ。此処にいる。助けてくれ。苦しいよ。さびしいよ。お兄ちゃん、お母ちゃん、此処にいるよ。気がついてくれ！」

と書きました。これを浄心行に出しました。私の胸は少し楽になっていましたが、まだ自由には動けません。

実相円満誦行の時間、「実相円満完全」と繰り返しながら、フト相手の実相円満完全ではなく自分の生命の円満完全を祈らなければ、私の胸の中にナイフを刺して、主人の首を痛めて、訴えつづけている弟は、私自身なのだと分かりました。私の生命が光となり、光ですべての闇を消さない限り、胸の痛みは消えないと思いました。

十八日、十九日と胸の痛みは嘘のように楽になっています。二十日の祈り合いの神想観できっとすっきりすることと信じています。

七回目の団体参拝練成会で自分を光と出来るようになったこと、心より感謝申し上げます。すばらしいご講話の連続に、また多くの皆様のご愛念に心より感謝申し上げます。

来年は一人でも多くの方と一緒に参加いたしますこと、お約束いたします。

積年の花粉症が消えた

和歌山　山田明美（51歳）

この度の団体参拝練成会に参加させていただくことが決まったのは、出発日の二週間前のことでした。姑が昨年来体調をくずし、病院に五十日間入院しました。宇治へ神癒祈願をお願いし、お蔭様で元気な病人さんでした。二月十六日に退院しました。その時姑に「団参の参加者がまだ目標に達していない」事を話しますと、すかさず姑は「自分はまだ養生中だから行かないように」と釘をさされてしまいました。姑からいわれるまでもなく参加は無理と思っていましたので、私も姑に「行かないよ」と言っていました。暫《しばら》くして「そうだ、娘を誘ってみよう」と思いました。アルバイト中で自由がきくからです。娘に勧めると「お母さんも一緒に行こうよ」と誘われました。私は姑に「行かない」と約束しているし、主人にも不自由をかけるから、二人を置いては行けない、と言い、二人で繰り返し言い合い、電話を切りました。この事を主人に話しますと「娘が参加しようと乗り気になっているのであれば、本当に良い機会だから行って来なさい。親子で参加するのも意義がある。母の面倒は私が見るので大丈夫」と言ってくれました。姑も主人の説得と孫が一緒ということで参加を許してくれました。私は参加出来るとは思っていませんでしたが、親子で参加出来ることに感謝しました。

出発を前に凄《すご》いことが起こりました。私は花粉症で、毎年この時期になると目はかゆく鼻はズルズル、喉は手を入れてかきたいくらい痒《かゆ》いし、八年余り春先になると悩んでいました。それが出発する二日前に治ってしまったのです。風のビュービュー吹く日に畑に行っても目はかゆくありません。次の日、お墓参りに山の方へ行ってもかゆくありません。嬉しくて嬉しくて主人に「花粉症が治った」といっても半信半疑でしたが、何度も嬉しいといって喜んでいる私を見て、一緒に喜んでくれました。いつも深切に御指導下さる宮本佳子講師に話しました。「心がぐらっと変われば、病は消える、と教えられていますが、私は何も心が変わっていないのにどうしてでしょうか？」と尋ねました。

すると宮本講師は、「娘さんを誘って総本山に行く決心をしたから、神様からの御褒美をいただいたのよ」といわれました。感謝の念が沸々と湧いてきました。

体調不良が快方に

千葉　前田良樹（25歳）

救急車で運ばれる

この団体参拝練成会を受けましての体験を話させていただきます。

今年の三月に入りましてから非常に体調を崩しまして、普通に歩いておりましても、動悸《どうき》がどんどん激しくなっていきまして、息が苦しくなっていきます。

四月に入りましたら、もう殆《ほとん》ど十メートルも歩いていられずに、しゃがみ込まずにいられないような状態が続きました。お年寄りを例えに出すと大変失礼ですけれども、お年寄りの方にも道で抜かれて行くような状況になりまして、もう殆ど階段も上がることが出来ず、道も歩けず、これはもうどうしようもないと思いまして、病院に行きましたところ、「不整脈」ということでした。先程総裁先生のお話の中で「不整脈は大した病気じゃないから大丈夫ですよ」ということでありましたので、私は安心いたしましたけれども、普通の方が一分間で脈拍が六十回くらい打つところ、私はですね、何もしないでじっとしていながら一八〇～二〇〇という脈を打っておりまして、もう苦しくて苦しくて仕方がない。救急車で三回程運ばれました。

本当の救いは実相を知ること

五月に入りまして、職場の休みをいただきまして、良い機会ですので飛田給の一般練成会を十日間受けさせていただきました。それで病院にも這《は》うように通院いたしましたが、飛田給には送り迎えをして貰いまして練成会を受講しました。講師のお話の中で「練成会で悩みを持って悩みを解決に来られる方は多いけれども、本当の救いというのは、悩みが解決する事ではなく、実相を知るということが本当の救いなんですよ」というのがありました。本当に感動いたしまして飛田給から帰ってまいりました。しかし、まだ体調が百パーセント快方に向かった訳ではありません。それで千葉教区の団体参拝練成会が五月末にあるという事で参加させていただきました。

今回の練成会の中で、私にとりまして三つの難関がありました。それは二日目の献労と三日目の奥津城《おくつき》参拝、そして四日目の献労でした。この三つを如何にクリアーしていこうかという事と、練成中に救急車で絶対に運ばれないというのが目標でした。さすがはすばらしい聖地で、有難い事に何事もなく終わらせていただきました。

奥津城参拝

三日目、仲間の青年達に「奥津城に行こうよ！」と誘われて、彼等と同じペースで登っていくのはキツイなぁ、と思いまして、彼等の目を盗み三十分早く見つからないようにして一人で奥津城に向かいました。何事もなく有難いことにようやく上が見えてきました。ああ、上に行って休もうかなぁ、と思いましたら、なんと横からですね、近道を通って杖を突いた白鳩さんが急に現れたんですね。その白鳩さんが、

「あんた青年なのに偉いわねぇ」

「有難うございます」

「じゃあ、あなた一緒に行きましょうよ」

と言われまして、七つの燈台ですとか龍宮住吉霊宮の方をですね、実は私は早く休みたかったんですけど、結局、全部まわりましてですね、これも観世音菩薩だなぁ、と思いまして一緒について行った訳です。上に行ったら仲間達が来まして、「七つの燈台をまわりたい」というので、結局二回まわる事になりました。

観世音菩薩

その日の夜、床の上で真剣に神想観をしまして、翌日、目が覚めましたら、今までなかった胸の痛みがするんですね。胸が痛いのは、七つの燈台を二回もまわったからではないか？　と心配になりました。早朝行事中もずっと今までにない痛みが走っていまして、総裁先生の御指導日で普段なら飛んで顕斎殿に行きたかったところなんですけれども、何かあると嫌だなぁ、と思いまして練成道場の方におりました。すると今まで入って来なかった子供達が、また不思議に三人の九州の男の子達が入って来ました。

「おじちゃん！」

私、まだ二十五歳なんですよ。

「おじちゃん！　何やってるの？」

「あれっ？　お母さん達はどうしたの？」

「向こうに行っちゃったんだよ！　じゃぁ、おじちゃん連れてってよ！」

〝向こう〟は顕斎殿なんですよ。いやぁ、参ったなぁ、と思いました。それで「早くしろ！」みたいな、九州弁で何を言っているのかよく解らないんですけど、私をうしろから蹴ってくるんですよ。九州の子はらんぼうだなぁ、いえいえ、元気がいいなぁと思いながらですね、まぁ、これも観世音菩薩の御働きかなぁ、と思いまして、顕斎殿へ入らせていただきました。

有難い事に、総裁先生のお時間が終わりましたら、その胸の痛さが消えておりまして、今日の献労も、牛糞の仕事も有難くさせていただきまして、元気に今、演壇にたたせていただきました。

第四章　繁栄の黄金律

売上げ順調に上昇

奈良　佐々木久史（32歳）
文と解説・山内　彰

愛と徳の経営

　ここに紹介する佐々木久史さんは、平成十三年三月の開業を前にして二月の団体参拝練成会に奈良教区より参加され、年商七千二百万円を決意して三月二十二日に運送会社「愛徳トランスポート有限会社」をオープンした。

　開業月初が月商千二百五十万で、一年足らずで二倍増の月商約二千五百万（平成十四年一月現在）と業績は向上している。この繁栄を持ち来したものは何かを考えてみたい。

　佐々木さんは、次の二点を経営理念に運送会社を経営している。まさに愛と徳の経営なのだ。

①荷物に愛を。日々多様化する物流ニーズに対応すべく豊富なネットワーク網を完備しお客様の要望にお応えします。

②世に徳を。事業を推進していく中でまず考え方として、世間様からの預かりものという考え方。絶対に私利私欲を追求しない、絶対に利己主義にならないで全てのものや人、あらゆるものに感謝の気持ちで接します。

当社に関わる全ての人や企業様が生き生きと輝かしく前進出来るよう努力します。

必ず出来る

佐々木さんが練成会に参加してからの心の足跡を追ってみよう。練成会の感想文にはこう記されている。

≪今回の団体参拝練成会に参加するきっかけとなったのは、実は私はこの度、春に念願であった独立をすることになり、その前に是非参加を！　という両親の提案によるものでした。平日なのでなかなか仕事のやりくりがつかなかったのですが、なんとか都合をつけました。練成当日、乗り慣れない飛行機で総本山に着きました。大鳥居をくぐったときにすでに胸の奥に何かを感じました。講師の先生方も楽しい方ばかりで、巧みな話術にはすっかり虜《とりこ》になりました。初日の浄心行ですっかり心を浄め、新しい仕事に対する「大丈夫かな？　できるのかな？」という不安な気持ちが、次第に「必ず出来る！大丈夫」と変わっていったのです。

献労では改めて額に汗して一心不乱に働くことの尊さを再認識しました。体験発表では広島教区の八十歳になるお祖母ちゃんの元気さに驚き、最後の祈り合いの神想観では背中に電気が走ったみたいにずっとビリビリしていました。最後の聖経を読んでいるときには、何故か溢れそうになる涙を押しとどめるのに必死でした。本当に来てよかったと思いました。

練成に参加するきっかけを作ってくれた両親に心から感謝します。そして多くの人と出会えたこと、今人生の転機を迎えたこの時に、本当に貴重な体験をしたと思っています。本当にありがとうございました。順調に会社も成長させ五年後にはしっかりした右腕を育て練成に参加したいと思ってます》

ご両親の勧めに素直に従った佐々木さんに幸運の扉は開かれたのです。練成会で浄《きよ》められ決意を新たにした佐々木さんから、練成会後、会社をオープンした報告が入った。

無我献身の実行者

《練成の後からすぐオープン準備に入りました。当初の予定より大幅に遅れていたのですがなんとか三月二十二日にオープンさすことができたのです。今までの運送会社の繋がりから荷物を確保しトラックも確保することができました。

そして初年度の目標は年商七千二百万です。

月間六百万という目標設定でした。(献労の後片付けを手伝った時に七千二百万・七千二百万と叫びながらしてました)ところが事務所を開いて九日間で売上が四百三十万円あり、利益率も八パーセントと驚異的な数字になっていました。迎えた四月、この業界にとって試練の月です。

しかし、巷《ちまた》の中堅運送会社が四苦八苦するなか、手堅く荷物を確保していくことが出来ました。確かに日別でみると午前中に全然荷物の無い状態の時が何度かありましたが、

昼食後に配車ノートを神棚に上げ、聖経を誦げると午後からは確実に荷物がついてきました》

この報告の中で、配車ノートを神棚に上げて聖経を誦げるという、お客様を祝福礼拝する宗教行を実践されている事（無我献身の実行）が陰徳となり、確実に荷物がついてきたことにつながったのです。

生長の家総裁谷口清超先生は、この祝福礼拝行（捨身行）について次のようにお示しになっております。

《身をすてて真理に奉仕するものが、仏の本質をあらわすということが暗示されているのであって、このような捨身の行によって初めて「真理」を体得することが出来るのである。ところが現代人の多くは、何かぱらぱらと本をめくるだけで真理がもうわかったと考えたり、頭の中につめ込んだ知識がそのまま「真理」でありうるかの如き錯覚におちいり、「捨身行」ということを忘れてかえりみない者が多いのである。（中略）しかし、真に「愛ふかき叡智」に達し「悟道」を得ようと思えば、自ら進んでそれを行わなければならない。少なくとも精神的にはそのような「無我献身」の実行者でなくてはならな

いのである》（『人生の断想』二五頁）

売上げ順調に上昇

佐々木さんの最新の近況報告と体験文が、インターネットのメールで平成十四年一月三十日に届いた。

《去年の開業当時の配車ノートと現在の配車ノートを見ると一目瞭然で業績が上がっているのがわかります。現在月商約二千五百万円、開業月初が千二百五十万円、数字だけで見るとおよそ二倍増。一年足らずでよくここまで上がったな……というのが正直な気持ちです。

愛徳トランスポート有限会社、奈良県天理市の運送会社です。扱い品目は主に大型トラックによる全国向け発送業務が主で、その他には、私の今までの経験を生かし同業者や荷主さんに対しての物流コーディネートを行っております。この業界もご多分に洩れず過当競争で、私のような新規の業者はなかなかすんなりと仕事を獲得するのが困難なのですが、長年お世話になっている私の出身の運送会社の社長さんたちのバックアップにより、徐々にお客さんが増えてきました。

生長の家とのかかわりは結構以前からあったのですが（機関誌を読む程度だったのですが）、丁度一年前に団体参拝練成会に参加して、以降劇的に自分の中で変化がありました。こんな時代に独立して果たしてうまくやっていけるのだろうか？といった不安が吹き飛び「やれるかな？」が「やれる！」に変わっていったのです。とりわけ日々の仕事を行って行く上でこの心構えは重要で、荷動きが悪く思うように売り上げが伸びないときや、トラブルに直面したときに、決して後ろ向きに考えずに、この状況は次へのステップの為に与えられた試練と考えるようにしています。事業は自分だけのものではなく預かり物という考えで接しています》

神想観はすばらしい

《開業月初から予想を遙《はる》かに上回る業績が上がってしまったために、資金繰りがピンチに陥《おちい》ったことがありました。どの業種もよく似た現象があると思うのですが支払いのサイトに入金が追いつかず一時的に資金がショートしてしまうのです。当社の場合、一回目の山場が七月にありました。どう考えても二十日の支払日に約二百万円足りません。こんな時は何も手に付かずそればっかり考えてしまうものなんです。そんな時にこそ神想観です！　そしたら窮すればなんとかで、なんとかなるもんなんですね。私の出身の会社の社長に相談したところ、すんなり当社への支払い分を先払いしてしていただき、そして更に当社からの支払い分を待っていただいたのです。

神想観はすばらしいですよ。生長の家では神想観と言いますが、他にはナポレオン・ヒルや、J・マーフィー等の著書にはビイジュアリゼーションと言う手法が紹介されております。自分自身の中で鮮明にイメージすることで、それを実現のものとしていくと言うものです。数あるモチベーションセミナーやプログラムにも適用されているのです。そのように見ても神想観はとても実践的で有効だと思います。

去年の九月に事務所のスタッフを一名増員したのですが、その者にもこの目標設定とビイジュアリゼーションを実践させています。すると格段に仕事の能率がアップし、生き生きと仕事をするようになります。ドライバーにしても同じです。少しがんばれば手に入るであろう目標を期日を決めて設定させます。そして行動計画を作りビイジュアリゼーションをさせるのです。そしたら不思議にも、今までに車を買い換えた、借金を返せた等々……ことごとく願望が実現していくのです。

仕事を通して自分の夢を実現させたり、会社の成長と自身の成長がマッチする環境を造ることが経営者の役目だと思っています。今はまだまだ多数の人を雇用することはできませんが、近い将来は必ず大きな受け皿となります、暴走族上がりのどうしようもない奴とか前科者、借金まみれ、リストラ親父……熱意とエネルギーはあるけど考え方がちょっと、というような人もどんどん受け入れようと思います。ある意味「学校」のような会社があってもいいんじゃないか、と思っています》

この報告の中で佐々木さんは神想観の素晴らしさを書いていますが、この行の毎日の繰り返しのなかで佐々木さんの信念が不動のものとなったのです。経営者にとって神想観は必須不可欠の行です。

報い求めず唯働け

この体験の中で思い出すのは、佐々木さんが団体参拝練成会の献労の時間が終了した

時に、私が、

「道具の片付けのお手伝いをお願いします！　徳積み出来ますよ、良いこと有りますよ！」

と練成員の皆さんにお願いしたら、奈良教区の元光明実践委員会議長の八本総司さんを中心とした〝生長の家栄える会〟の力強いメンバーが数人集まって頂き、道具を集めて作業倉庫の横で二月の冷たい風を受けながら冷たい水で牛糞《ぎゅうふん》付の道具を洗って頂いた。その時、八本さんが冗談口調の関西弁で、

「山内講師《やまのうちせんせい》、ええ事あるてうまいこと言うてうまいことうんこ洗いさせはりますわ！」

と言ってこられたときに、私が、

「感謝誦行して神様に波長を合わせたらいいことありますよ！　希望も実現しますよ！」

と言いましたら体験者の佐々木さんが、

「年商七千二百万も実現しますか？」

と言われたので、

「年商七千二百万！　年商七千二百万！　ありがとうございます！　と声を出しながら無我になって献労すれば実現しますよ！」

と言いましたら「はい、わかりました」と素直に大きな声で「年商七千二百万ありがとうございます！」と感謝誦行しながら一所懸命に牛糞付道具を冷たい水もなんのその で洗って頂いている姿にこちらが感動しました。

その後、佐々木さんより総本山インターネットアンケートの回答に、

「三月二十二日に無事開業し、月商七百万を目標に業務を開始したところ、今月（四月）になんと、千二百五十万という売り上げを達成いたしました！　七千二百万どころか軽く一億を突破します。牛糞にまみれながら冷たい水で洗物をした甲斐がありました。取り急ぎ報告まで」

という嬉しい便りが来ました。又、開業十ヵ月後の近況報告では、

「開業十ヵ月になります。おかげさまで売り上げ、利益共に順調に上昇しております。二月の団体参拝練成会の場で、自分自身が目標とした年商が七千二百万でした。開業月初に千二百万。それから毎月伸び続け十月、十一月と二千五百万まで伸びました！　あ

りがとうございます。この調子でどんどん頑張ってまいります」

と。この体験は、総本山龍宮住吉本宮社務所の「おみくじ」の中にある〈報い求めず唯働け〉という智慧の言葉の証《あかし》であると強く感じました。

企業研修に練成会は最高！

福岡　武田　揚（36歳）

命令で参加

福岡から来ました武田と申します。「有限会社まる」という代表者が生長の家の敬虔《けいけん》な信者の会社なんですが、そこに二月一日から新入社員として入社いたしまして、二月一日から代表者の命令で「研修をかねてこの練成会に行ってこい」と言われまして、女性二人と併せて三名の新入社員がここに参加しています。

案内書を頂いた時に「生長の家総本山」と書いてあり、私は「生長の家」というのは名前は知っていましたが、内容はどういうものか全く知りませんでした。

〝宗教か。これは参ったな。しかし、一週間我慢すればいいし、会社の命令でもあるから「行け」と言われれば、サラリーマン、行かないわけにはいかないし……〟

ここに参加しまして、一番最初に「ありがとうございます」と合掌されまして、〝何がありがたいのかな、俺は何もしていないし、何か変な雰囲気だな〟と思いました。お話を伺いしますと「神の子」でしょう。〝俺、お袋の腹から生まれたのに神の子ではないぞ〟と思いました。それから「笑いましょう。うれしいなぁ～、楽しいなぁ～、ワッハッハ」でしょう。初めての私にとっては、本当にびっくりしました。とにかく悉《ことごと》くすごいショックを受けてしまって、一つ一つ自分の中で消化していくのが本当に大変でした。

郷に入らば郷に従え

ところが不思議なもんですね。いろいろ悩みを抱えてこられている方がこれだけ集まって、皆さん本音で最初からぶち当たっていっている場面に遭遇すると、こちらももうすぐに心を開いていくもんなんですね。

会社企業の研修というのは、一つの枠の中に、社会人としての枠の中に入りきる人間を作る研修で全然面白くないですよね。個性ある人間は余計反発します。しかし、この練成会は内容が深く、参加させて頂くうちに〝ちょっとまてよ、これは逆に素晴らしい機会ではないかな、本当になかなか体験出来ない事じゃないかな〟と感じてくるようになりました。〝これは面白いな〟と感じだしたのは、だいたい三日目位からでした。もう来たからには、郷に入らば郷に従え、と言いますけれども、自分もそのつもりになってみようと、笑うときには思い切り笑いましたし、「ありがとうございます」も大きい声でいいました。自分がこんなにも別世界のところに来てこんなに馴染めるとは思いませんでした。

最初は本当に〝帰ろうかな〟と思ったぐらいです。三日目位から慣れてきまして、食事は美味しいし、夜は短い時間しか眠れないけどぐっすり寝れますしね。

一年半の無職

実は私は一年半無職だったんですよ。非常に景気が悪いもんですから、仕事がなくって。仕事がないということは精神的に、私家族もいますし、毎日辛いんです。朝起きて周りが出勤する中で自分が何もする事がないと、だんだん夜と昼が逆転していって非常に精神的に良くないんですね。そういう辛いことをやっていましたから、規則正しい生活のリズムに戻れている、という感じがします。実際に今、夜寝て朝起きる、この単純なことですが出来ています。無職になるとこれが本当に出来なくなるんですよ。本当に自分をコントロールするのは難しいですね。しかしここに来て、体調も良くなってきましたし、酒も飲みませんし、汚い話ですけど便が良く出るんですよね、それも立派なのが。何年振りですかね。汚い話ですいません。

この研修というのは、しみじみ楽しみになってきたというのは事実です。もう実際六日間たってしまい、あと一日、明日帰ってしまうわけなんですけれども、新しい会社に入って、不安って正直あるんですけれども、代表者がこちらの信仰をされているってことで、こちらの教えをお伺いする中で、大丈夫な人物ではないかな、という確信が持てた感じがしました。非常に楽しみっていうか、不安が薄らぎました。この研修は会社の方針で、従業員の皆さんは一年に一回位受けているんですね。〝大丈夫な会社ではないかな〟と確信を持ってきました。

本音で話す

それと一つ感謝したいのは、新人で入社しても、一緒に仕事しながら本音で話す機会ってなかなかないんですよ。仕事している時はそんなに話す事もないでしょうし、休み時間なり、仕事を終わったあとでも、ゆっくり話す機会っていうのは、なかなか持てないですね。この一週間で本音で話す事が出来ました。最初からこんなに本音で話せる同僚というのも同期生でも居ないと思うんですよ。私と女性二人ですが、まだ二十二歳とか二十三歳とか若いんですけれども、私三十六歳なんですね。私は中途採用なんですけれども、そんなに離れた者同士はオジサン扱いされて、こんなに本音で話せるってことはないでしょうけど、体験した事のない世界にボーンと追いやられると逆にコミュニケーションもよくとれます。お互いどんな世界かわからない不安とか、初めて来た練成会の雰囲気にどうやって慣れるかってことで、ストレス解消を三人集まってするとか、私も二十代に戻れたような、楽しい気分がしました。これからの仕事が非常にやりやすくなると思います。

企業研修にこの練成会を取り入れるのは、私は個人的に非常にいい事だと思いました。最高だといってもいいと思います。サラリーマンのかた非常にストレス溜まってますけれども、私も十八年位別の会社でやっておりましたが、ストレス溜まって来た時に、こういう所に来てリフレッシュして帰ると本当にいいと思いました。

失明の危機を克服

私、六年ほど前に目を患《わずら》いまして、入院し、失明するかもしれないから覚悟しておいてくれ、と何処《どこ》の病院からも見放されて、ある大学病院に行ったのですが、どうなるかわからないから覚悟しておいてくれ、と言われたんです。その時は勿論、まだ生長の家の教えは全然知りませんでした。自分の目がもしかしたら見えなくなるかも知れない、という恐怖感と不安感で押しつぶされそうでした。二カ月間入院しましたが、その間ノートを買ってきまして、自分で小さな文字で「俺の目は大丈夫だ、俺の目は大丈夫だ、俺の目は大丈夫だ」と毎日夜寝る前にものすごい頁数このコトバを書き続けました。そのコトバが終わったら「お前は大丈夫だよ、武田揚《よう》。お前は大丈夫だよ、武田揚。お前は大丈夫だよ、武田揚」と又書くわけです。これを二ヵ月間続けていきまして、ある日のこと、「もう退院していいよ」といきなり言われました。ビックリしまして、その場で腰が抜けて涙が出ました。よく考えると、生長の家の考え方そのものですよね。自分に自分で暗示をかける。他力というのは本当は自分の中にいる仏様に頼ることなんですよね。実は、他力＝自力なんです。人に頼むのではなくて自分の中にいる仏様・神様に御願いするという意味なんですが、人に頼むというのは「他人任せ」ということになります。自分の中にいる何者かに、私がノートに書いた事をいいきかせたんですよね、それが通じたと思います。お医者さんも「奇蹟だ」といわれたのですけれども、視力は2.0と2.0に戻ったんですよ。教えと全く同じだったのでビックリしました。

人生に無駄はない

先祖供養は真剣に心からやった事がありませんでした。「お父さん、お母さん、ありがとうございます」とやってみると、すごく心が楽になりました。そんな自分がいましてビックリしたんですけれども、〝これは祖先を大事にしてもいいな〟とジワッとですが思いました。

生長の家の教えを勉強する中で、自分が今まで生きてきたことが無駄ではなかった。過去一年半無職とかいうのも、どうでもいいや、という気持ちになりまして、これから先の事を神様に御願いしていこうと、神様と一緒に頑張っていこうと考えられるようになりました。人生に無駄はない、と心から思えました。本当に感謝しております。一生の思い出になった事は間違いありません。機会があれば一年に一回ぐらいはリフレッシュのために又参りたいと思うようになりました。本当にありがとうございました。

「生長の家は凄い」ということを証明する

福岡　正田英樹（29歳）

初めて練成会に参加した正田英樹さん（株式会社ハウ代表取締役社長・二十九歳）は、ＩＴ（情報技術）関連の世にいうベンチャー企業家だ。ＩＴバブルの崩壊で将来性が危ぶまれているＩＴ業種だが、正田社長は、アジア諸国の市場は今後も拡大する、と予想する。日本にシリコンバレーのようなＩＴ企業の集積地を作ることで、大きな産業が生まれ、さらにアメリカとアジアを繋ぐビジネスチャンスと日本の新たな役割を担うべく、壮大な都市開発とソフトウエア開発に挑んでいる。折しも練成会参加中の平成十三年十二月四日（火）の『読売新聞』に〝「ＩＴ都市」へ地域ぐるみ―大学核にベンチャー育成〟と正田さんが顔写真入りで取り上げられた。又、練成中に発行された月刊のビジネス雑誌『ｅ＋Ｂ』

（イー・プラス・ビー）の一月号にも記事が載った。

初めての錬成参加でしたが、本当に価値ある学びと体験をさせて頂き、心より感動しております。

生長の家との出会いは、約三年前になりますが、「お仏壇のはせがわ」の長谷川社長より生長の家栄える会にお誘い頂いたことより始まりました。その時は月に一度程度の会合に参加しておりました。二年半ほど前に、元ヤオハンの和田一夫代表との不思議な縁が、私を生長の家に本格的に惹《ひ》きつけるきっかけとなりました。

私は大学入学以来、今日まで約十年間は福岡県飯塚市に住んでおり、お世話になった元産炭地をアジアのシリコンバレーとして生まれ変わらせる事が出来ないものか、と五年ほど前に立ち上がり、ソフトウェア開発会社を起業しました。しかし、田舎である飯塚市でコンピューター業で食べていくには、苦労も多く、九州では、最も仕事の集中している福岡市の天神に事務所を移し、活動拠点を移しました。どうしても地域のためにお役に立ちたいという思いは、私が微力であったため失われつつあった時、和田一夫代表と出会ったのでした。その頃の和田代表は、ヤオハン倒産の懺悔で大きな失意の底にあったと見受けられました。しかし、力を振り絞ってカンパニードクターとして世のために尽くしたいと、涙ながらに講話をされているのを聴いているうちに、私自身「もう一度初心に帰ろう」と思い、飯塚にて二度目の起業をいたしました。それから五ヵ月後、和田代表が復活地として飯塚を選ばれ、家族とともに移り住まれたことは、本当に運命的なことでありました。それ以来一年半、どこに行くにも鞄持《かばんも》ちをさせていただきました。会議の前はいつも神想観を行い、講話の際にはいつも生長の家のお蔭で今の自分がある、と言い続けられていました。

その中で幾度となく練成会の話が出てくるものですから、一度参加して和田代表のベースとなっている精神を学びたい、と思っておりました。和田代表に私から練成なるものに参加したい、と申しますと涙を流して喜ばれておりました。しばらく考えた後、「岡田淳先生のおられる長崎の総本山がいいでしょう」と言われ、こちらに参加させて頂きました。

これまで、これほど連絡体制のない中、会社を空けたことがなかったものですから、正直とても不安で、会社は大丈夫だろうかと思っておりましたが、心を放てば問題は解決するとの教えの通り、予想を超える成果が上がっており感動しております。

練成会では貴重な講話を沢山聴かせて頂き、祈りの経営を私も体得出来るよう努めて参りましたが、私の心の中心軸が間違っていないと確信するに到りました。言葉の創化力を駆使し、日本人としての誇りを輝かす貢献が出来るよう精進していこう、と練成会で新たに強く決意しました。

私は、お世話になった飯塚市より出発し、飯塚を旧産炭地の街から情報産業都市、アジアのシリコンバレーとして生まれ変わらせます。その中で和田代表のもと、日本とアジアの橋渡しのお手伝いが出来れば、と考えています。和田代表は、後二年もすれば三度の失敗から三度目の復活を遂げ、ヤオハン以上のものを創り上げると私は確信しています。私自身も世界のモデル企業となるべき会社といたします。和田代表と私の他二十名程度の二十代の起業家たちから始まった動きが、やはり生長の家は凄《すご》い、ということを証明するものと、今回の練成会にて大いに感じました。

「夢は必ず実現する」と心に抱き、世の中のお役に立てるよう精進して参ります。

生長の家総本山　各種練成会のご案内

龍宮住吉本宮練成会（一般練成会）

内なる神聖性を開発し、あなたの運命を好転させる練成会

日程　毎月一日（午後一時集合）～七日（正午解散）

※　五月は四日～十日、一月は休会

境内地献労練成会

一〇〇万坪の神域で、無限力を発揮する練成会

日程　毎月七日（午後四時集合）～十日（正午解散）

※　五月は休会

長寿ホーム練成会

永遠に若々しい二十五歳に新生する練成会

日程　年三回開催　四泊五日

母親練成会

幸せな母親になる練成会

日程　年一回（七月下旬）開催　二泊三日

新春練成会

新年を祝い心身ともに新生する練成会
日程　十二月三十一日～一月三日

団体参拝練成会

国際平和信仰運動の聖なる使命に起ち上がる練成会
開催日程及び詳細は各教化部にお問い合わせ下さい

主な内容　鎮護国家誓願正式参拝・奥津城参拝・浄心行・先祖供養祭
　　　　　祈り合いの神想観・献労
もちもの　聖経四部・聖経『真理の吟唱』・聖経『続真理の吟唱』
　　　　　聖歌集・筆記具・洗面具・作業衣・洗面具・着替

お申し込み、お問い合わせは　電話〇九五九―二七―一一五五
〒八五一―三三九四　長崎県西海市西彼町喰場郷一五六七番地
生長の家総本山

交通のご案内

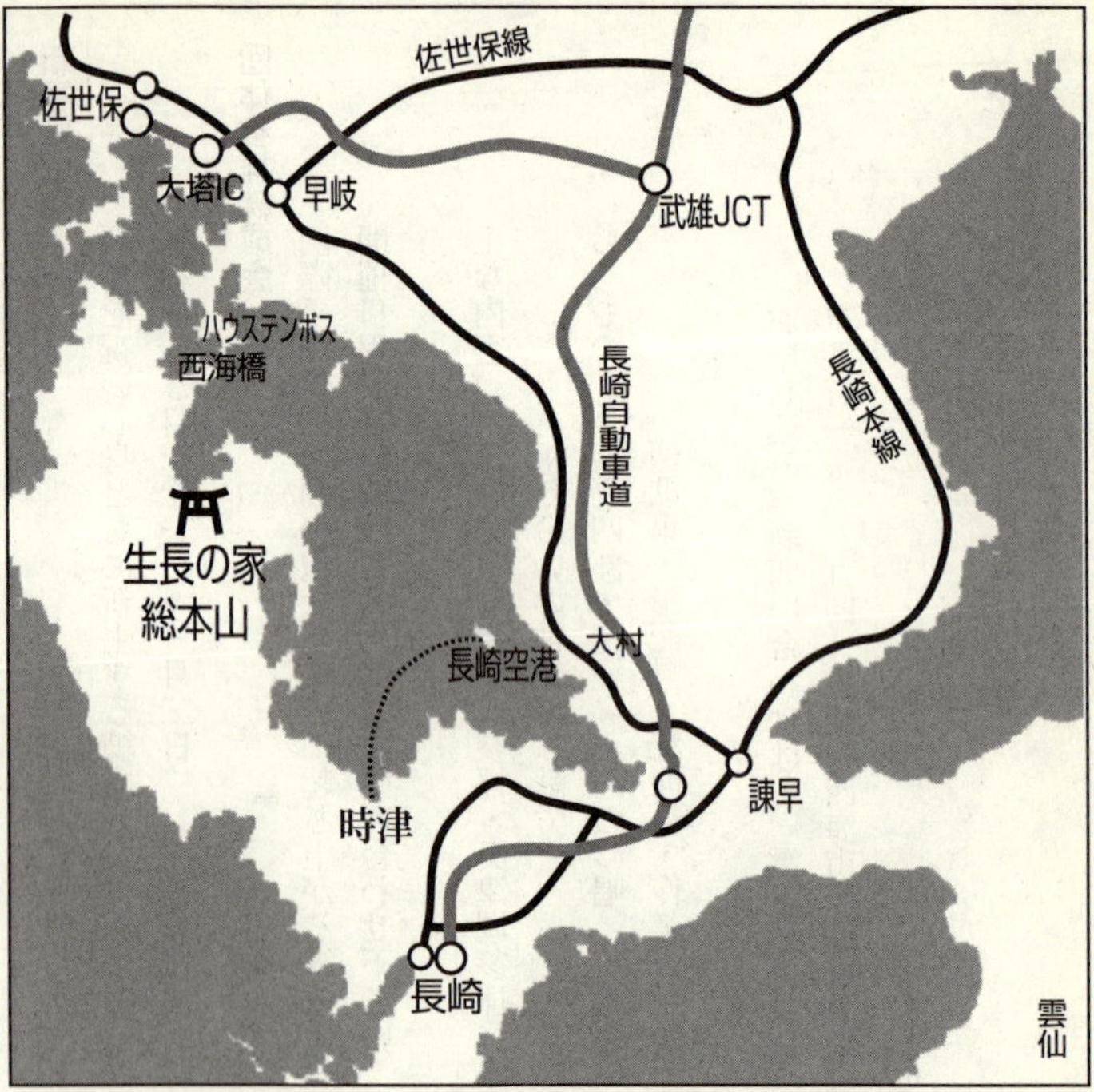

〈車〉 福岡 熊本方面　九州自動車道　鳥栖JCT　長崎自動車道　武雄JCT　西九州自動車道　大塔IC（佐世保）

大塔（佐世保）ICより西彼方面へ30分。
長崎市からは西海橋方面へ1時間。
国道206号線、朱塗りの大鳥居が目印。

〈飛行機〉 長崎空港　ボート20分　時津　バス　生長の家

時津行きボートが欠航の時は、長崎行きリムジンバスをご利用ください。

〈ＪＲ〉 博多駅　長崎本線 長崎駅　大串・大和田行きバス（時津経由） 生長の家
　佐世保線 佐世保駅　バス　コラソンホテル

（佐世保駅よりバスに乗車される前にお電話ください。送迎車が待機しています）

〈送迎車〉 一般・献労・長寿・新春の各練成会初日は、JR早岐駅まで総本山車がお迎えに参ります。2日目以降は事前にご連絡いただけばお迎えに参ります。

TEL 0959-27-1155　　FAX 0959-27-1151

ホームページ　http:/sou.sni-honbu.or.jp/

いのち輝《かがや》く2
練成会体験談集

発　行　　平成14年5月10日　初版発行
平成18年7月25日　再版発行

編　者　　生長《せいちょう》の家総本山《いえそうほんざん》　〈検印省略〉
発行人　　岸　重人
発行所　　株式会社日本教文社
〒107-8674東京都港区赤坂9-6-44
電話 03(3401)9111（代表）
03(3401)9114（編集）
FAX 03(3401)9139（営業）
03(3401)9118（編集）
頒布所　　財団法人世界聖典普及協会
〒107-8691東京都港区赤坂9-6-33
電話 03(3403)1501（代表）
振替 00110-7-120549番
印刷・製本　光明社
定価はカバーに表示してあります
乱丁本・落丁本はお取り替えいたします。

ISBN4-531-06371-6